Qiche Wenhua
汽车文化

（第4版）

黄关山　主　编

人民交通出版社

北京

内 容 提 要

本书是"十四五"职业教育国家规划教材,主要内容包括:汽车发展史、汽车结构基础、汽车品牌、汽车与生活、汽车安全与环保、未来汽车。本书从多视角、多方位,图文并茂地介绍了汽车技术和汽车文化发展的历史,讲述了汽车工业发展对人类进步的影响,介绍了世界著名的汽车品牌及其企业文化,讲述了汽车对人类生活、安全环保等方面的影响,最后介绍了汽车未来的发展方向。

本书可作为职业院校汽车类专业教学使用,也可供汽车驾驶、汽车维修、汽车营销及相关技术人员参考阅读。

图书在版编目(CIP)数据

汽车文化/黄关山主编. —4版. —北京:人民交通出版社股份有限公司,2024.11(2025.7重印)
ISBN 978-7-114-19469-6

Ⅰ.①汽…　Ⅱ.①黄…　Ⅲ.①汽车—文化—职业教育—教材　Ⅳ.①U46-05

中国国家版本馆 CIP 数据核字(2024)第 068921 号

书　　名:	汽车文化(第4版)
著 作 者:	黄关山
责任编辑:	翁志新
责任校对:	赵媛媛
责任印制:	张　凯
出版发行:	人民交通出版社
地　　址:	(100011)北京市朝阳区安定门外外馆斜街3号
网　　址:	http://www.ccpcl.com.cn
销售电话:	(010)85285911
总 经 销:	人民交通出版社发行部
经　　销:	各地新华书店
印　　刷:	北京市密东印刷有限公司
开　　本:	787×1092　1/16
印　　张:	10.75
字　　数:	244 千
版　　次:	2011 年 8 月　第 1 版
	2016 年 6 月　第 2 版
	2020 年 6 月　第 3 版
	2024 年 11 月　第 4 版
印　　次:	2025 年 7 月　第 4 版　第 2 次印刷　累计第 12 次印刷
书　　号:	ISBN 978-7-114-19469-6
定　　价:	43.00 元

(有印刷、装订质量问题的图书,由本社负责调换)

职业教育改革创新教材编委会

（排名不分先后）

主　　任：刘建平(广州市交通运输职业学校)
　　　　　杨丽萍(阳江市第一职业技术学校)

副 主 任：黄关山(珠海城市职业技术学院)　　周志伟(深圳市宝安职业技术学校)
　　　　　邱今胜(深圳信息职业技术学院)　　朱小东(中山市沙溪理工学校)
　　　　　侯文胜(顺德职业技术大学)　　　　韩彦明(佛山市华材职业技术学校)
　　　　　庞柳军(广州市交通运输职业学校)　程和勋(中山市中等专业学校)
　　　　　冯　津(广东合赢教育科技股份有限公司)　邱先贵(广东文舟图书发行有限公司)

委　　员：谢伟钢、孟婕、曾艳、王锋(深圳市龙岗职业技术学校)
　　　　　李博成(深圳市宝安职业技术学校)
　　　　　罗雷鸣、陈根元、马征(惠州工业科技学校)
　　　　　邱勇胜、何向东(清远市职业技术学校)
　　　　　刘武英、陈德磊、阮威雄、江珠(阳江市第一职业技术学校)
　　　　　苏小举、孙永江、李爱民(珠海市理工职业技术学校)
　　　　　陈凡主(中山市沙溪理工学校)
　　　　　刘小兵(广东省轻工高级职业技术学校)
　　　　　许志丹、谭智男、陈东海、任丽(佛山市华材职业技术学校)
　　　　　欧阳可良、马涛(佛山市顺德区中等专业学校)
　　　　　周德新、张水珍(河源理工学校)
　　　　　谢立梁(广州市番禺工贸职业技术学校)
　　　　　范海飞、闫勇(广东省普宁职业技术学校)
　　　　　温巧玉(广州市白云行知职业技术学校)
　　　　　李维东、冯永亮、巫益平(佛山市顺德区郑敬怡职业技术学校)
　　　　　郑新强(东莞理工学校)
　　　　　王远明(东莞市汽车技术学校)
　　　　　程　森(深圳城市职业学院)
　　　　　程树青(惠州商业学校)
　　　　　高灵聪(广州市信息工程职业学校)
　　　　　黄宇林、邓津海(广东省理工职业技术学校)
　　　　　张江生(湛江机电学校)
　　　　　任家扬(中山市中等专业学校)
　　　　　邹胜聪(深圳市第二职业技术学校)

第4版前言

"十二五"期间,人民交通出版社以职教专家、行业专家、学校教师、出版社编辑"四结合"的模式开发出了"职业教育改革创新教材",受到广大职业院校师生的欢迎。

为了紧跟汽车行业发展趋势,更好地适应汽车类专业教学需求,2015—2016年、2019—2020年,人民交通出版社股份有限公司分别组织修订出版了本套教材的第2版、第3版。2023年,本套教材中有两本被评为首批"十四五"职业教育国家规划教材。

《汽车文化(第3版)》是首批获评的"十四五"职业教育国家规划教材之一。随后,人民交通出版社启动了对本书的再次修订。此次修订,在第3版的基础上对内容进行了优化,替换了陈旧的图片,重新编写了课后习题,同时结合课程思政融入了二十大精神。各章节主要修改如下:

第一章重新梳理了内容的逻辑关系,增加主要工业国家的汽车发展内容,将中国汽车工业发展史和汽车外观的发展独立成节,汽车科技的演变史增加了新能源汽车技术发展内容。第二章增加了新能源汽车结构组成和分类的介绍,按传统车和新能源车重新编写了汽车的基本结构的内容,增加了我国机动车号牌编号规则的介绍。第三章根据世界汽车工业发展情况,按汽车集团对品牌重新分类,增加了各品牌企业文化描述,删除了部分品牌,增加了对造车新势力的介绍。第四章删除了汽车市场和赛车运动的部分内容。第五章删除部分内容,增加碳中和、碳达峰的相关知识,增加新能源技术对环境保护的讲解。第六章删除部分内容,增加智能网联汽车和无人驾驶汽车的内容。

本书配套有丰富的教学资源,包括:教学课件、教案、课程标准、课后习题及答案、课程思政案例等。在智慧职教MOOC平台建有在线开放课程(https://mooc.icve.com.cn/cms/courseDetails/index.htm? classId = 28f0fb0e6d78326999cc3af2697d6d34),在智慧职教职教云(https://zjy2.icve.com.cn/)平台建有在线课程,方便学习者学习和教师备课。

本书由珠海城市职业技术学院黄关山主编。

限于编者的经历和水平,书中难免有不妥或错误之处,敬请广大读者批评指正并提出修改意见和建议,以便重印或再版时改正。

职业教育改革创新教材编委会
2024年3月

目录 | CONTENTS

第一章　汽车发展史 … 1
- 第一节　世界汽车工业发展史 … 2
- 第二节　中国汽车工业发展史 … 15
- 第三节　汽车外观的发展 … 21
- 第四节　汽车科技的演变史 … 25
- 实训模块 … 33
- 思考与练习 … 33

第二章　汽车结构基础 … 36
- 第一节　汽车的分类 … 36
- 第二节　汽车的基本结构 … 44
- 第三节　汽车的编号 … 53
- 实训模块 … 59
- 思考与练习 … 60

第三章　汽车品牌 … 61
- 第一节　国外著名汽车品牌 … 62
- 第二节　中外合资品牌与自主品牌 … 83
- 第三节　造车新势力 … 98
- 实训模块 … 104
- 思考与练习 … 104

第四章　汽车与生活 … 105
- 第一节　汽车展览 … 106
- 第二节　汽车市场 … 112
- 第三节　赛车运动 … 121
- 实训模块 … 128
- 思考与练习 … 129

第五章　汽车安全与环保 … 130
- 第一节　汽车安全 … 130
- 第二节　汽车与环保 … 139

实训模块 ·················· 148
　　思考与练习 ················ 148

第六章　未来汽车 ·················· 150
　　第一节　汽车智能化 ············ 150
　　第二节　汽车轻量化 ············ 155
　　第三节　清洁能源汽车 ··········· 158
　　实训模块 ·················· 161
　　思考与练习 ················ 162

参考文献 ······················ 163

第一章 汽车发展史

知识目标
1. 了解世界汽车工业发展史；
2. 了解中国汽车工业发展史；
3. 了解汽车外观和科技演变史。

能力目标
1. 增强自主学习能力；
2. 提高信息归纳能力。

素养目标
1. 传承汽车文化，培养文化自信；
2. 弘扬工匠精神，养成精益求精的学习态度；
3. 激发爱国热情，树立为建设汽车强国而自强不息的人生目标。

建议学时
8学时。

自人类诞生以来，人类在改造自然的过程中，不断创造各类工具、发明技术、积累知识，汽车的诞生和发展全面体现了人类科技进步的力量。

汽车发展的过程是人类不断寻找动力、提高生产率、追求美好生活的过程。车辆动力从最早的人力、畜力发展到蒸汽机、内燃机，再到如今的新能源动力，车辆也从最早的人力车、畜力车、蒸汽机车、内燃机汽车发展到如今的新能源汽车。在这个过程中，诞生了许许多多伟大的工程师，如英国的瓦特，德国的卡尔·本茨、戴姆勒、迈巴赫、奥托，美国的福特等。正是这些伟大的工程师精益求精坚持不懈的努力，为汽车工业的发展做出了巨大的贡献。可以说，每个汽车产品的诞生都闪耀着工匠精神的光芒。

第一节 世界汽车工业发展史

汽车的出现不仅提高了人类活动的效率,还为各行各业的发展带来了活力。汽车是人类智慧的伟大结晶,是道路上充满科技含量的艺术品,因此,汽车也被誉为"改变世界的机器"。

那么,什么叫作汽车呢?《汽车、挂车及汽车列车的术语和定义 第1部分:类型》(GB/T 3730.1—2022)中对汽车定义如下:由动力驱动,具有四个或四个以上车轮的非轨道承载的车辆,包括与电力线相连的车辆(如无轨电车)和整车整备质量超过400kg的三轮车辆。主要用于:①载运人员和/或货物(物品);②牵引载运人员和/或货物(物品)的车辆或特殊用途的车辆;③专项作业或专门用途。

一、汽车的起源

1 古代车辆的诞生

我国古代造车技术

在人类改造自然界的过程中,随着轮轴和轮子的发明,大约公元前3000年出现了最早的车辆雏形。早期的车主要依靠人力推或者拉前进,称为人力车。后来人们驯化了野马、野牛等动物,开始使用牛、马、驴等动物作为车辆的动力源,而马逐渐成为车辆的主要动力源。马车的出现,把人力解放出来,不仅提高了车辆的速度,也提高了人类生产效率,是人类发展中具有重大意义的转折点,大大促进了人类文明的发展。

在人力车和畜力车发展阶段,我国的工匠们做出了杰出的贡献。据《汉书·地理志》记载:"昔在黄帝造舟车,以济不通,旁行天下。"由此可见,远古黄帝时,我国就已经开始造车了。尤其是秦始皇统一中国后,实施"车同轨,书同文,行同伦",不仅统一了度量衡、文字和社会行为道德规范,而且统一了马车车轨的尺寸,大力发展国家车马大道(又称驿道),形成了以咸阳为中心的陆路交通网,推动了生产力的快速发展,当时的造车水平也达到了相当高的程度,秦始皇陵出土的铜马车(图1-1),代表了2000多年前中国造车的水平。

图1-1 秦始皇陵出土的铜马车

在中国历代车辆发展过程中,有重要技术价值的还要数指南车(图1-2)和记里鼓车(图1-3)。指南车是三国时期一位名叫马钧的技师发明的,它是一种双轮独辕车,车上立一个木人伸臂指南,只要一开始行车,不论向左或向右转弯,木人的手臂始终指向南方。记里鼓车是早在公元3世纪中国最先发明的记录里程的仪器,可惜最初结构已失传,直到宋代才由燕肃重新制造成功。

指南车和记里鼓车利用齿轮传动原理进行工作。它们的出现,体现了中国古代制造技术的卓越成就。

图1-2　指南车　　　　　图1-3　记里鼓车

2 汽车发动机的萌芽

随着人类社会的发展,传统的马车已经不能满足人们的需要,人类开始寻找新的动力,探索研究由机械动力代替畜力的方案。从18世纪60年代开始,随着第一次工业革命的到来,开创了以机器代替手工劳动的技术革命。火药、蒸汽机、活塞运动机构等技术的广泛应用,为汽车的发展带来了生机。

18世纪中后期工业革命时期的重要人物英国人詹姆斯·瓦特(图1-4)改良了纽克曼发明的蒸汽机(图1-5),他通过把原来蒸汽机利用蒸汽冷凝产生真空从而产生动力的方式,改变为直接利用蒸汽压力输出动力的方式,并通过曲轴将往复运动变为旋转运动,使之成为"万能的原动机",在工业上得到广泛应用。这一成果不仅对当时社会生产力的发展做出了杰出贡献,更为汽轮机和内燃机的发展奠定了基础。以纺织机、蒸汽机被广泛使用为标志,人类开启了第一次工业革命。后人为了纪念这位伟大的发明家,把功率的单位定为"瓦特"(简称"瓦",符号W)。瓦特也从一名默默无闻的格拉斯哥大学设备维修工一跃成为家喻户晓的名人,1785年成为英国皇家学会院士,1814年成为法国科学院8名外籍会员之一。瓦特的成功生动地演绎了技能改变命运的生动故事。

图1-4　詹姆斯·瓦特　　　　　图1-5　瓦特改良的蒸汽机　　　蒸汽机的诞生

1807年,美国人富尔顿研制的以蒸汽为动力的轮船试航成功,1814年英国人乔治·史蒂芬森发明了蒸汽机车,1825年史蒂芬森亲自驾驶着一列有34节小车厢的火车试车成功,人类社会从此进入了"蒸汽时代"。1840年前后,英国的大机器生产基本上取代了传统的手工业,工业革命基本完成,英国成为世界上第一个工业强国。

3 内燃机的出现

蒸汽机的发明使人类从手工业时代进入工业时代,直到20世纪初,蒸汽机仍然是世界上最重要的原动机。但是,蒸汽机属于外燃机,工作效率低下,远远满足不了人们的需求。

19世纪60年代,以煤气和汽油为燃料的内燃机相继诞生。1860年,法国的勒努瓦模仿蒸汽机的结构,造出第一台实用的煤气机。这是一种无压缩、电点火、使用煤气为燃料的原始内燃机。此后,随着科学技术的不断进步,各种新技术、新发明层出不穷。1876年,德国发明家尼古拉斯·奥托(图1-6)根据四冲程工作原理,首创四冲程活塞循环,设计并制造出了较为经济的四冲程往复式活塞内燃机。这种内燃机以煤气为燃料,采用火焰点火,无论是功率还是热效率,都是当时最高的。它的工作原理与现代内燃机很接近,是第一台能代替蒸汽机的实用内燃机。

1883年,戈特利布·戴姆勒和威廉·迈巴赫在尼古拉斯·奥托四冲程发动机的基础上,通过改进开发出了第一台卧式汽油机(图1-7)。后来他们还制成了世界上第一台轻便小巧的化油器式、电点火的小型汽油机,转速达到了当时创纪录的750r/min,这也是世界上第一台立式发动机,取名为"立钟",并在1885年4月3日取得了德国专利。

图1-6 尼古拉斯·奥托(1832—1891年)

图1-7 第一台卧式汽油机

1892年,德国工程师鲁道夫·狄塞尔(图1-8)提出了压燃式柴油机的理论;1893年,狄塞尔制造出第一台样机(图1-9);1897年,狄塞尔终于成功制造出了柴油机。柴油机是动力工程方面又一项伟大发明,它比汽油机油耗更低,动力更强,是又一颗性能良好的汽车心脏。后人为了纪念狄塞尔,将柴油机称作狄塞尔发动机,将柴油机的英文命名为"Diesel"。

二、近代汽车的诞生

1 第一辆蒸汽汽车

1769年,法国的陆军技术军官尼古拉斯·古诺(图1-10)造出了世界上第一辆利用机器作为动力的车辆。他将一台简陋的蒸汽机装在一辆木制的三轮车上(图1-11),蒸汽机驱动车辆行驶。它的速度仅为3.5～3.9km/h,而且每行驶12～15min就需停车加热15min,该车在后来的试车途中因撞到墙上而损坏。

图1-8　鲁道夫·狄塞尔(1858—1913年)

图1-9　狄塞尔发动机

图1-10　尼古拉斯·古诺

图1-11　第一辆蒸汽汽车

1801年,英国人理查·特里维西克制成了"伦敦蒸汽马车",它是第一辆真正投入市场的蒸汽机汽车,能乘6人,最高速度27km/h。1833年,伦敦市内已经开始运营蒸汽巴士。

蒸汽机汽车虽然存在着速度慢、体积大、污染严重等不足,但它为现代汽车的发明奠定了基础,在汽车发展史上占有重要地位。

❷ 第一辆现代汽车的雏形

随着第二次工业革命的到来,内燃机的诞生为人们提供了高效可靠的动力,因此得到了德国工程师们的青睐。1885年,德国工程师卡尔·本茨(图1-12)在曼海姆设计制造出了一辆装有单缸汽油发动机的三轮车(图1-13),这就是世界上公认的第一辆现代汽车的雏形。该发明于1886年1月29日获得专利,这辆三轮车被命名为"奔驰一号",现收藏在德国的奔驰汽车博物馆内。卡尔·本茨因此被誉为"世界汽车之父"。1886年1月29日也被公认为汽车诞生日。

卡尔·本茨的发明最初被人们所怀疑。当时曼海姆的报纸把他的车贬为无用可笑之物。卡尔·本茨的夫人为了回击一些人的讥讽,于1888年8月带领两个儿子驱车从曼海姆出发,驶向普福尔茨海姆,全程144km。这次历程为卡尔·本茨的发明增添了说服力,而卡尔·本茨的夫人也成为历史上第一位女驾驶人。由于行驶至维斯洛赫时,他们向一家药店要过一些汽油和水,因此,这里也被公认为世界上第一个汽车加油站。

图 1-12　卡尔·本茨　　　　　图 1-13　奔驰一号车

卡尔·本茨的故事

3 第一辆四轮汽车

1883年8月15日,德国工程师戴姆勒(图1-14)和迈巴赫发明了卧式汽油发动机,1884年又推出了性能更好的立式发动机。戴姆勒将立式发动机装在一辆木制自行车上,世界上第一辆摩托车就这样诞生了。1886年,戴姆勒将汽油发动机装在为妻子生日买的马车上,世界上第一辆由汽油发动机作动力的四轮汽车(图1-15)诞生了。这辆车的发动机排量为1.1L,最大功率为809W,最高速度达14.4km/h。

图 1-14　戈特利布·戴姆勒(1834—1900年)　　　　　图 1-15　戴姆勒一号车

由于戴姆勒对汽车的发展贡献也很大,所以,他也被公认为以内燃机为动力的现代汽车发明者,与卡尔·本茨共同被誉为"现代汽车之父"。

19世纪末,强大的社会需求促使汽车技术得到了空前的发展。虽然世界上第一辆汽车的性能并不比马车优越,但是,它的巨大贡献是观念的变化:自动化的实现和内燃机的采用。因为这种车能自己行走,所以,人们用希腊语中Auto(自己)和拉丁语中的Mobile(会动的)构成复合词来解释这种类型的车,这就是Automobile(汽车)一词的由来。

4 第一辆电动汽车

电动汽车的起源要早于内燃机汽车。1828年,匈牙利物理学家耶德利克·阿纽什(直流电机之父)发明了世界上第一台电动机,并开始尝试用电动机作为车辆动力。1834年,美国人托马斯·达文波特制造出第一辆直流电动机驱动的电动车,这是一部真正能够载人的电动车,但由于用干电池驱动,无法充电,因此,不具备实用价值。1839年,苏格兰的罗伯特·安德森给四轮马车装上了电池和电动机,将其成功改造为世界上第一辆靠电力驱动的车辆。1859年,法国著名物理学家葛斯顿·普朗特发明了可重复充电的铅酸电池,电动车开始进入实际应用阶段。1881年,法国工程师古斯塔夫·特鲁韦装配了以铅酸蓄电池为动力的电动汽车,成为世界上第一辆以可充电电池为动力的电动汽车(图1-16)。1899年,比利时工程师卡米乐·热纳茨制造了世界上第一辆时速超过100km的电动汽车。1901年,费迪南德·保时捷研制成功世界上第一辆使用轮毂电机的混合动力汽车(图1-17)。

图1-16 第一辆可充电电动汽车

图1-17 第一辆混合动力汽车

三、汽车的全面发展与完善

纵观130多年的汽车发展史,可以总结为:"汽车诞生于德国,完善于法国,发展于美国,成熟于欧洲,盛行于日本,创新于中国。"

1 汽车工业的产生

汽车在诞生之初,由于基本采用手工制造,生产周期长,成本高,价格非常昂贵,对于大多数人来说是奢侈品,因此,汽车成为贵族和有钱人的身份象征(图1-18)。

从19世纪末到20世纪初,欧洲和美国相继出现了一批汽车制造公司,如德国的戴姆勒—奔驰公司、美国的福特公司、英国的劳斯莱斯公司、法国的雪铁龙公司、意大利的菲亚特公司等。但是,由于当时技术尚未达到大量生产大型复杂机械产品的水平,加之贵族们将汽车作为奢侈品,一味追求豪华,导致汽车售价昂贵,销售量不高,无论是在欧洲还是在美国,都没有形成具有一定规模的汽车工业。

图1-18　打上家族名字的贵族汽车

❷ 汽车工业的发展

1）美国汽车工业的发展

在汽车工业发展初期,汽车工业从欧洲转移到美国,形成了以美国为中心的工业格局。对于汽车工业的形成,美国汽车大王亨利·福特(图1-19)功不可没。从小就有"天才机械师"美誉的福特本是一位农家子弟,但却醉心于钟表和机械制造。1903年,他离开爱迪生的公司后在美国密歇根州迪尔伯恩市成立了福特汽车公司,提出了将汽车由奢侈品变为生活必需品的主张,要求汽车可靠、耐用、操作简便、售价低廉、使用和维护费用低,即生产普及型汽车。

1908年,福特公司推出了闻名于世的T型车(图1-20)。为了降低成本,提高效率,1913年,福特在底特律市建成了世界上第一条汽车装配流水线(图1-21)。T型车的各种零件首次被设计成统一规格,实现了总成互换。在大型总装车间,各汽车总成部件由机械传送带运送至不同的安装工位进行装配,极大地提高了工作效率,一辆汽车的装配时间从12.5h缩短到1.5h,大大降低了生产成本。T型车的售价最低只需265美元。1908—1927年,T型车累计生产了1500多万辆,销往全世界,被称为"运载整个世界的工具",并以其低廉的价格使汽车作为一种实用工具走入了寻常百姓家,美国也从此成为"车轮上的国度"。

图1-19　亨利·福特

图1-20　1908年量产的福特T型车

福特和T型车

可以说,福特的装配流水线是世界大规模工业生产的鼻祖,极大地提高了工业生产效率,降低了生产成本和产品价格,被世界各国争相效仿,极大地推动了汽车工业的发展。福特发明的汽车装配流水线也为福特本人赢得了巨大的成功。1915 年,福特公司一家的汽车年产量就占美国汽车公司总产量的 70%,而当时生产汽车历史较长的德国、英国、法国等欧洲国家的汽车总产量也不过是美国产量的 5%。1925 年 10 月 30 日,福特公司以平均每 10s 生产一辆 T 型汽车,创造了世界汽车生产史上的奇迹,福特也因此赢得了"汽车大王"的美誉。

图 1-21　福特汽车装配流水线

凭借汽车工业的快速发展,美国一跃成为世界第一大工业国,美国从一个以农场和小城镇为基础的农业国正式成为一个由工厂和大城市组成的工业国家。

此后爆发的第一次世界大战带来了庞大的海外需求,这给美国制造业插上了"翅膀"。到 20 世纪 20 年代后期,光纽约市的汽车数量就超过了欧洲所有国家的总和,即使在 1929—1933 年大萧条时期,美国汽车销量仍突破 500 万辆,制造业产值超过了英国、法国、德国的总和,维持在全球总量 1/3 的水平。第二次世界大战后,美国制造业凭借大量的军需订单和技术创新,完成了从制造业大国到制造业强国的转变。美国制造业产值占世界制造业的比例在 1950 年达到了 40%,在汽车、飞机、钢铁等领域保持着绝对的优势,凭借通用、福特、克莱斯勒等汽车公司生产的产品畅销海外,美国建立起人类有史以来最完善的工业体系,成为名副其实的"世界工厂"。

有着百年历史的美国汽车行业历经多轮经济周期和社会文化的变迁,经历了完整的导入期、成长期和成熟期。经历了成长期后的美国汽车行业,汽车千人保有量已经增长至近 600 辆,拥有两辆及以上汽车的家庭占比进一步提高,消费者对汽车的需求变得多样化。以往的"大众消费"模式转换到"个性化、品质化消费",传统的大批量流水线生产受到威胁,平台化生产工艺开始兴起。作为第四代汽车工艺技术,模块化架构将进一步加快新车型的推出速度、降低成本以及提高生产效率,更好地满足消费者日新月异的消费喜好。

图 1-22　Lucid Motors 推出的 Lucid Air 电动车

进入 21 世纪后,昔日的美国三大汽车巨头面临巨大的市场挑战,福特开创的福特汽车公司,百余年来几经衰败而涅槃重生,而今又在亏损的边缘上挣扎,危机重重,前途未卜。电池技术的发展催生了电动汽车这一细分市场,美国相继诞生了 Tesla(特斯拉)、Lucid(路西德)(图 1-22)、Fisker(菲斯克)(图 1-23)、RIVIAN(里维安)(图 1-24)等新的电动汽车品牌,在电动汽车赛道,美国汽车再次成为世界汽车工业的引领者。

2)欧洲汽车工业的发展

欧洲是工业革命的发源地,是世界汽车工业的摇篮。德国、英国、法国、意大利等国家是最早形成汽车工业的国家。

图1-23　Fisker公司的电动皮卡Alaska

图1-24　RIVIAN推出的R1S电动车

（1）法国汽车工业的发展。

众所周知,德国人发明了汽车,但在汽车发展初期阶段,贡献最多的却是法国人。在19世纪末,由于汽车技术还不成熟,汽车在动力传递、行驶控制、舒适性方面等存在许多不足,尤其是汽车的底盘系统主要采用马车的结构,难以适应车辆在不同道路的快速行驶。法国工程师为汽车底盘的研制做出了巨大的贡献,可以说现代汽车底盘是法国工程师完善的,因此,在汽车发展史上,法国人有着独特的地位。

1858年,法国工程师洛纳因发明了世界上第一只用陶瓷绝缘材料制成的电点火火花塞。1859年,法国物理学家普朗特发明了铅酸蓄电池,解决了汽车的电源问题。1889年,法国人阿尔芒·标致（图1-25）成功研制出了齿轮变速器和差速器,并成立了标志汽车公司,标致汽车很快成为欧洲最大的车企,尤其是标致39型汽车（图1-26）,畅销欧美各国。

图1-25　阿尔芒·标致

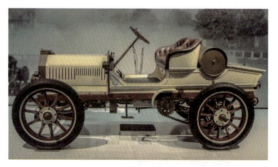
图1-26　1903年推出的标致39型汽车

1891年,法国人潘赫德和莱瓦索尔采用发动机前置、后轮驱动的结构形式,并设计了专用底盘。天性自由的法国人在1894年举办了史上第一场汽车比赛。1895年,法国人米其林兄弟发明充气式橡胶轮胎,使汽车插上了加速的"翅膀",显著提高了车辆行驶的速度。1898年,法国的雷诺兄弟成立雷诺汽车公司,在雷诺1号车上采用了箱式变速器、万向节传动轴和齿轮主减速器。1902年,法国的狄第安采用了流传至今的狄第安半独立悬架后桥。自此,汽车底盘日趋完善,法国也成为当时世界最大的汽车生产国。1919年,安德烈·雪铁龙引进亨利·福特的装配流水线成立雪铁龙汽车公司,推出了采用流水线组装的A型车（图1-27）大获成功。

从此，法国汽车工业开始加速前进，到20世纪20年代，法国拥有超过150家汽车制造商，汽车制造业已发展成带动经济增长的重要领域，法国的汽车工业格局逐渐形成标致、雷诺以及雪铁龙为代表的三巨头时代。

进入21世纪，随着汽车市场竞争日益激烈，法国汽车工业昔日的辉煌一去不复返。法国几大汽车集团只能通过联合兼并，努力自救。2016年，雷诺—日产联盟斥资2373.5亿日元获得三菱34%股权，组成雷诺日产三菱联盟。2019年，标致雪铁龙集团(PSA)在完成对欧宝、沃克斯豪尔及Free2Move品牌收购后，于2021年1月，正式与菲亚特克莱斯勒汽车公司(FCA)完成合并，成立了一家全新的集团：STELLANTIS。

图 1-27　1919 年推出的雪铁龙 A 型车

高耸的埃菲尔铁塔和塞纳河静静的流水以及比扬古通明的灯火诉说着法国汽车昨天的故事，经历辉煌和市场风雨洗礼的法国汽车工业，面对电动化、智能化浪潮的挑战，能否重振昔日高卢雄鸡的辉煌，让我们拭目以待！

（2）英国汽车工业的发展。

瓦特开启的蒸汽时代给英国带来了巨大的红利，使得英国汽车工业的起点领先于世界。

英国早期的蒸汽机汽车太吵太快，遭到民众的强烈不满。迫于压力，1865年，英国议会通过了《红旗法案》，该法案规定：任何在道路行驶的机动车，必须有3人驾驶，还要有人在车前50m处挥动红旗引导，且速度不能超过4mile/h(6.4km/h)（图1-28）。一个名叫沃尔塔·阿诺尔德的人因超速而被罚款，成为历史上第一个因超速违规受处罚的人，虽然当时他的速度只有13km/h。这个法案限制了英国汽车工业的发展，导致原本处于世界领先地位的英国蒸汽机汽车领域迅速被德国反超。

图 1-28　1865 年英国实施《红旗法案》后的街景

1895年，荒唐的《红旗法案》被废除，凭借积累的雄厚的工业基础和技术人才，英国很快便在汽车工业上一路高歌猛进，相继诞生了罗孚、劳斯莱斯、宾利、名爵、捷豹、路虎、路特斯、MINI等著名的汽车公司，英国汽车迎来发展的黄金时期。

"买日本车，买的是工具；选择德国车，选的是机器；而拥有英国车，拥有的是艺术"，这句话从一个侧面反映出英国汽车品牌以一种人文的精神存在于机械中,赋予汽车艺术生命。英国汽车厂商普遍觉得汽车是工业时代的产物,只有经过手工锻造,精心打磨,才能赋予一辆车灵魂,也才符合主人的身份。英国社会流行的绅士文化,以优雅为原则,不急不躁,含蓄又体面。英国的这种社会文化也潜移默化地渗透到汽车制造业中。

英国汽车工业的发展不得不提及其最著名的代言人——英国女王伊丽莎白二世。第二次世界大战时她没有去躲避战火,反而主动参军,完成了驾驶和汽车修理专业训练。她学会了如何拆卸、修理和重新装配发动机、更换轮胎,还学会了驾驶越野车、卡车和救护车。在位70多年,女王的座驾全是英国品牌(图1-29)。2021年,95岁高龄的女王甚至不顾医生阻止,戴着墨镜,开着一辆捷豹驰骋在温莎城堡附近的道路上。有趣的是,女王一辈子都是无证驾驶。因为英国境内所有驾驶证都是以她的名义颁发,她觉得自己给自己发驾驶证不合适,坚持不办驾驶证。

然而,现在的英国汽车工业却令人一言难尽,昔日的辉煌一去不复返。捷豹、路虎早在2008年便卖给了印度塔塔集团,宾利被大众集团收购,荣威和名爵归属中国上汽集团,而最著名的劳斯莱斯和MINI也投入了宝马集团的怀抱。中国吉利不仅控股了路特斯,成为阿斯顿·马丁第三大股东,还收购了英国伦敦出租车公司。蓦然回首,英国汽车只剩迈凯伦(图1-30)孤身在苦苦挣扎。

图1-29 英国女王座驾

图1-30 迈凯伦ELVA车型

拘泥于"绅士文化"而缺乏创新,沉醉于"手工制造"的贵族血统而不能自拔,加上混乱的管理政策,最终导致英国汽车工业走向了没落。品牌被收购,产销量下滑,曾经傲立山巅如今堕入低谷的英国汽车该何去何从? 以史为鉴,可知兴替;他山之石,亦可攻玉。

(3) 德国汽车工业的发展。

德国是现代汽车的诞生地,自从1886年卡尔·本茨发明第一辆汽车至今,德国汽车工业已经走过近140年的发展历程。德国可以说是建在工业上的国家,秉承着创新、严谨的态度,德国汽车工业基础深厚,人才辈出,而这一切的成就都离不开德国的高水平教育。德国的斯图加特大学、慕尼黑工业大学、布伦瑞克工业大学、亚琛工业大学等是世界著名的理工科大学,是德国历史悠久的技术大学,德国"双元制"职业教育体系为德国制造业培养了大量的技术人员,严谨的"基因"流淌在德国汽车人的血液中,为汽车工业的发展奠定了扎实的基础。

一直以来,德国汽车以做工精细、工艺精湛、技术先进、品质优良著称。德国诞生了保时捷、奔驰、奥迪、宝马、大众等著名的汽车品牌。

第一章 汽车发展史

德国抓住第二次工业革命的浪潮,在19世纪末创造了一个奇迹:在短短的30年里走完了英国用了100多年才走完的工业化道路,从而跻身于世界工业化的强国之列。到第一次世界大战前,德国汽车工业已基本形成了一个独立的工业部门,汽车制造工人5万多人,年产量达2万辆,年产量仅次于美国。

1918年德国在第一次世界大战中战败,德国汽车工业几乎被战火全部摧毁。尽管第一次世界大战给德国的汽车工业发展带来了毁灭性的打击,但战争结束以后,德国人仅用了10年左右的时间经济就大大超过了战前的繁荣。其中,1923年到1929年这7年时间,被称为是德国汽车工业"黄金般的二十年代"。这一时期,汽车工业发展迅速,汽车技术不断得到完善。1931年,费迪南德·保时捷于斯图加特成立保时捷汽车公司,以生产高级跑车闻名于世。1937年,大众公司成立,推出了畅销全球的甲壳虫汽车。到第二次世界大战爆发前,德国已经成为欧洲最大的汽车生产国,戴姆勒—奔驰、奥迪、大众等汽车公司均已实现大规模生产。第二次世界大战爆发后,德国很快卷入全面战争,德国的汽车工业转而成了军事工业的一部分,为德国军队生产坦克、军车等。第二次世界大战结束后,由于德国是战败国,变成民主德国和联邦德国两个国家,汽车工业濒临崩溃。

当第二次世界大战的硝烟散去,多瑙河畔炊烟升起,在十分困难的条件下,德国人依靠顽强的民族精神,汽车工业很快得到恢复并获得了重生。尤其是联邦德国的经济在一片废墟上创造出著名的"艾哈德经济奇迹",只用了十几年的时间,就再一次超越英、法而成为欧洲第一经济强国。

随着1989年柏林墙倒塌,德国重新统一,其汽车工业不断取得突破,一路高歌猛进,德国也成为仅次于美国的经济体。

在欧洲一体化进程的推动下,德国的汽车工业开始进入一个新的发展阶段。进入21世纪的德国汽车工业,也同世界其他发达国家的汽车工业一样,正面临着一场新的竞争和发展机遇,其主要的发展趋势表现为:一是汽车工业全球性联合改组的步伐加快,其特点是跨国界的重组和联合;二是世界汽车工业广泛采用平台战略,汽车产业链包括投资、生产、采购、销售及售后服务、研发等主要环节的日益全球化;三是人工智能技术、新能源技术取得重大突破,技术创新能力已成为汽车业竞争取胜的关键。

如今,在新能源转型的压力下,德国汽车业问题层出不穷,制造商还没有完全从"尾气门"丑闻的阴影中走出,就不得不开始着手新能源车布局,而这种压力迅速传导到供应商领域,让已经挣扎在转型痛苦中的企业雪上加霜。2017年,英国、法国、德国、挪威四国宣告:于2040年后,禁止出售使用汽油和柴油的轿车。历经百年辉煌的德国汽车工业,即将迎来一个全新的发展阶段。

3)日本汽车工业的发展

19世纪60年代日本推行明治维新运动,开启了日本的工业化道路。日本汽车工业走的是一条技术引进、合资合作、政策保护、攻坚克难的路子,演绎了一个先拜师学艺、后自强不息,最终成功逆袭的励志故事。

日本的汽车工业源于美国。1901年,美国人在东京设立了第一家蒸汽汽车销售店,让日本人第一次了解到汽车产品。1902年,日本开始购买欧美的发动机和部件开启自制汽车之路,但是受制于当时日本的工业基础薄弱,没有获得成功。1911年,福特T型车进入日本,接着福特、通用、克莱斯勒等美国汽车企业纷纷在日本开设工厂,到19世纪20年代,日本汽车市场基本被美国汽车公司所垄断,这期间日本还没形成自己的汽车工业。在这20年期间,日本企业通过不断模仿、复制欧美国家的汽车产品,学习吸收汽车技术,不断积累经验。

另一方面,日本通过甲午战争(1894—1895)、日俄战争(1904—1905)以及在第一次世界大战(1914—1918)中在中国及西太平洋获取大量不义之财,为工业发展奠定了基础。

1918年,日本政府制定了《军车补贴法》。根据这项法律,军方向日本汽车制造商提供补贴,以生产在和平时期供平民使用的汽车,并在战争时期转为军事用途。这是日本的第一个汽车工业政策。这一政策为日本的汽车工业发展提供了稳定的资金支持。

为了支持汽车工业的发展,1931年日本成立汽车工业委员会,制定了《商业和工业部标准车型汽车》规范,要求按其规范制造中型卡车和公共汽车。1929年,脱胎于石川岛造船厂的ISUZU汽车公司成立。1931年,东洋工业株式会社推出"Mazda-Go"汽车,这就是马自达汽车的前身。1933年,由4家企业组成的日产汽车公司成立。同年,丰田喜一郎在其父亲的纺织机厂成立汽车部,该部后来独立为丰田汽车公司。经过近30年的不断学习和资金积累,日本汽车工业开始发展起来。我们应该铭记的是,日本在发展汽车工业期间,于1931年9月18日对我国制造了震惊中外的"九一八事变"(图1-31)。次日,日军侵占沈阳,又陆续侵占了东北三省。此后,日本在中国东北建立了伪满洲国傀儡政权,开始了对东北人民十几年的奴役。

图1-31 位于沈阳的"九一八"日本侵华历史博物馆

随着日本帝国野心不断膨胀,日本的军事和民用汽车公司都把战备放在首位。1936年,为保护汽车在军事扩张中的重要作用,日本在国内开始实施《汽车制造事业法》,该法律规定外资在日本国内的汽车生产全部停产,停止经营活动,日本汽车真正国产化的序幕由此拉开。不久,兵部将汽车制造业归类为军火工业,1937年,兵部颁布的《战略产业五年规划纲要》明确将战时体制应用于汽车工业,日本汽车工业主要用于生产坦克、大炮、军车甚至弹药。

1937年7月7日夜,经过精心准备,卢沟桥日本驻军悍然发动卢沟桥事变("七七事变")。日本在侵略中国期间烧杀抢掠,无恶不作,掠夺中国巨大的财富,战争期间日本汽车工业沦为日本帝国的侵略工具。

第二次世界大战后,出于政治上的考量,美国政府给予日本大量经济援助,其中一项就包括帮助日本本土汽车业发展,尤其是在朝鲜战争期间,美国为日本汽车企业投入大量的资金和订单,给濒危的日本汽车工业续上救命的血。1955年,日本通产省颁布《国民车育成要纲案》,日本举国上下推进汽车行业发展的热情高涨、并开始推进高速公路的建设。汽车生产主流逐渐开始从卡车转向乘用车。1958年,富士重工向市场推出了廉价的4人乘用车"斯巴鲁360",即当时的日本国民车K-CAR(图1-32),直接推进了日本家庭用车热潮的到来。

图1-32　1958年的日本国民车K-CAR

以1964年东京奥林匹克运动会为契机,日本经济高速增长,汽车工业开始进入快车道。1967年,日本一跃成为世界第二大汽车生产国,国内汽车销量首次超过百万辆。日本的GDP总量在1968年成功超越联邦德国,位居世界第二位。日本汽车工业自此一骑绝尘,开启蓬勃发展之路,在1980年正式超过美国,成为世界最大的汽车生产国,而丰田汽车也一跃成为世界最大的汽车公司。

进入21世纪,面对未来的挑战,日本汽车工业已经成为引领世界汽车未来发展的主要力量之一。日本一直是节能汽车和新能源汽车的引领者(图1-33),在节能环保上进行汽车产品的研发和创新,日本丰田的普锐斯是世界上最早、销量最大的混合动力汽车,自在1997年推出第一代至今销量已经超过1000万辆。2015年,日本经济产业省出台《氢能及燃料电池战略路线图》,重点推进氢燃料电池汽车的布局。在汽车电动化过程中,日

图1-33　日本推出的面向未来的概念车

本汽车工业以混合动力、氢燃料电池汽车为主要产品,选择了稳妥和务实的战略方案,凭借强大的汽车研发积累,多管齐下,保证了汽车工业的可持续发展。

第二节　中国汽车工业发展史

与发达的工业国家相比,中国汽车工业底子薄,起步晚,但是,中国汽车工业在中国共产党的带领下,经过70多年的艰苦奋斗,踔厉奋发,实现了从无到有、从小到大、由弱变强的历史性转变,取得了举世瞩目的发展成就。自2009年以来,中国已经发展成为世界最大的汽车生产国,2023年更是超越日本成为世界最大的汽车出口国。中国汽车工业奋发图强,不断进取的发展历程生动演绎了中华人民共和国从站起来到富起来再到强起来的发展过程。

汽车工业是国民经济的支柱产业,产业链长、涉及面广、带动性强、国际化程度高,是社会主义工业现代化建设的重要载体。建党百年来,特别是党的十八大以来,党中央对汽车产业发展多次作出重大决策部署,引领汽车工业发展取得历史性成就、发生历史性变革。汽车产业的大幅跃升为我国经济发展注入了强劲动能,显著增强了国家科技实力和综合国力。

❶ 中国开始出现汽车

由于清王朝的自大无能,中华民族长期处于闭关锁国环境中,在近代工业文明发展中远远落后于欧美等工业国家,直到鸦片战争爆发,封建统治者在欧美列强的枪炮声中才打开了国门。1901年冬天,匈牙利人Leinz(李恩时)将两辆美国产的奥兹莫比尔汽车运到上海租界,专供外国人使用,中国首次出现了汽车,而此时离第一次工业革命爆发已经过去了近140年。

1902年,慈禧太后也拥有了汽车,成为皇宫第一位有车族。据说,这辆车是当年袁世凯送给慈禧太后的厚礼。而今,这辆珍贵的汽车,仍然静静地停放在北京颐和园的"德和园"。据悉,这辆车是美国产品,制造于1896年,其生产厂为一家历史比著名的福特汽车公司还早的公司——马萨诸塞州图利亚汽车与弹簧公司。

❷ 中国开始生产汽车

中华人民共和国成立前,国内各种进步力量为民族汽车工业发展作出了许多艰难探索。1912年,中国革命先驱者孙中山先生在江阴视察江防工作时,曾做了"关于道路与自动车建设"的专题报告,阐明了修筑公路、开办长途客货汽车运输对货物流畅、便利交通、发展经济的重要作用,并在其1920年发表的《建国方略》一书中提出了发展汽车工业的作用。那段时期,仅有上海、天津等地的部分汽车组装业和配件制造业得以存续和发展,长春、山西等地创建整车生产企业的探索均以失败告终。

中国生产的第一辆汽车于1929年8月在沈阳问世,由辽宁迫击炮厂研制。此车为"民生牌"75型载货汽车,发动机输出功率为48.49kW,额定载质量1.82t,设计速度为25km/h。此车曾于1931年9月12日在上海展览会上展出,蒋介石派张群代表参加展览会,当时的外交部部长王正延、实业部长孔祥熙等亲自到会祝贺。

后来,由于日本发动侵华战争,日本帝国主义入侵东三省,中国汽车工业刚刚起步就被扼杀了。虽然一些仁人志士曾数次筹划发展中国的汽车工业,但是由于帝国主义的侵略、政府的腐败无能等原因,都未能实现。可以说,新中国成立前中国没有真正的汽车工业。

❸ 新中国的汽车工业起步阶段

中华人民共和国成立后,建立民族汽车工业被提到重要的议事日程上。1950年初,毛泽东主席和周恩来总理在莫斯科与斯大林会谈时,把建设汽车制造厂作为第一个五年计划期间苏联援助中国的重要项目之一。

1950年2月,中央重工业部设立汽车工业筹备组,主要负责人有郭力、孟少农等;同年4月,确定在吉林省长春市建立第一汽车制造厂(简称"一汽")。

1951年,中央批准汽车工厂的初步设计方案;1952年,开始进行技术设计和施工设计。

1952年4月,郭力(图1-34)被任命为"一汽"厂长。

1952年12月,党中央任命饶斌(图1-35)为"一汽"厂长。

图1-34　郭力　　　　　图1-35　饶斌　　　　中国汽车之父饶斌

1953年6月,中央指示力争三年建成"一汽";同年7月15日,在吉林省长春市孟家屯举行了隆重的建厂奠基典礼。毛主席亲笔题词"第一汽车制造厂奠基纪念"。"一汽"建设正式破土动工。

1956年7月14日,第一批解放牌CA10型4t载货汽车(图1-36)出厂,当年产量达1600多辆。这标志着中国不能制造汽车的历史从此结束,"一汽"也因此被誉为中国汽车工业的摇篮。

1957年5月,第一机械工业部正式通知"一汽"研发轿车。首先研制的是名为"东风"的轿车。1958年5月5日,"一汽"生产出第一辆东风CA71型轿车(图1-37),迈出了中国人自制轿车的第一步。

图1-36　解放CA10型货车　　　　图1-37　东风CA71型轿车

1958年6月,"一汽"开始试制CA72型红旗牌高级轿车。同年7月,红旗CA72型高级轿车(图1-38)试制成功,历时一个半月。1963年8月,"一汽"建成具有小批量生产能力的红旗轿车生产基地。经过改进产品性能和质量,又试制出CA770型三排座高级轿车(图1-39)。1966年4月,首批20辆红旗轿车被送到北京,作为国家领导人的公务用车。

图1-38 红旗CA72高级轿车

图1-39 红旗CA770型高级轿车

同样,在1958年,北京汽车制造厂研制的"井冈山"牌小轿车、上海打造的"凤凰"牌轿车也被作为向新中国的献礼生产出来。1958年9月,第一辆国产凤凰牌轿车(图1-40)诞生开创了上海制造汽车的历史。1964年,凤凰牌轿车更名为上海SH760,该车一直到20世纪80年代桑塔纳轿车投产后才退出历史舞台。

1960年,全国汽车总产量已从1955年的61辆提高到22574辆。当时,与日本、韩国等邻国相比,按照苏联模式发展起来的中国汽车工业的起点并不算低。要知道在20世纪50年代初,日本本田还只会造两轮的摩托车,而韩国现代尚没有生产汽车的念头呢。

1965年,出于国际形势和国家安全等各方面的考虑,我国开始在湖北十堰筹建第二汽车制造厂(简称"二汽")。4年之后,"二汽"破土动工,并从"一汽"抽调人员援建"二汽",从产品设计工艺工装、人员培训直至调试生产完全是自力更生。1976年6月,建成东风牌2.5t越野车生产基地。"二汽"的建成,标志着中国已具备自己设计制造汽车和建设大型货车制造厂的能力。"二汽"所生产车型是"一汽"刚刚研发的EQ140载货汽车(图1-41),而"一汽"则继续生产"老解放"。

图1-40 凤凰牌轿车

图1-41 EQ140型货车

除此之外,四川汽车制造厂于1974年正式生产红岩牌C0260型军用6t越野车(图1-42);1968年开始建设的陕西汽车制造厂,于1975年投产延安牌SX250型5t军用越野车。在"文革"期间,中国的汽车工业能够取得这样的发展是难能可贵的。

不过,从1958~1983年,中国轿车用了25年的时间才将年产量突破5000辆,可以说这个时期轿车工业的发展比较缓慢。客观地说,1953~1984年中国汽车工业基本上是货车工业,是中国汽车工业的起步阶段。

图1-42 红岩牌CQ260重型军用越野汽车

这一阶段,党领导人民自力更生、发奋图强,进行社会主义革命、推进社会主义建设,汇聚全国之力建设中国汽车工业,为中国汽车工业的发展布局奠定了坚实的基础。

4 合资合作阶段

1978年12月,党的十一届三中全会在北京召开,这次全会实现了新中国成立以来党的历史上具有深远意义的伟大转折。十一届三中全会为汽车工业的发展吹响了前进的号角。在邓小平同志的亲自关怀下,1982年,国务院批准成立中国汽车工业公司,正式设立汽车产业部门,批准汽车可以开展对外合作合资,开启了汽车工业对外开放的新篇章。经过与美国综合汽车公司(AMC)的艰苦谈判,1984年1月,中国第一家整车合资企业北京吉普汽车有限公司在北京正式成立(图1-43)。1985年,上海大众汽车公司成立。同年,南京汽车制造厂引入了意大利菲亚特的依维柯汽车;广州汽车与法国标致的合资项目也获批准。1986年,在全国六届四次人大会议上,"把汽车制造业作为重要支柱产业"被写进了"七五"计划,轿车工业开始大步向前。

a)开业仪式　　　　　　　　　　b)汽车下线

图1-43 中国第一家整车合资企业北京吉普汽车有限公司成立

5 快速发展阶段

1994年,是中国汽车史,特别是轿车史上值得纪念的一年。在这一年,影响中国汽车工业发展的《汽车产业发展政策》出台,明确提出允许私人购买汽车。从此汽车开始走进寻常百姓家,中国汽车工业进入快速发展阶段。

到1998年,中国汽车的总产量达到了162.8万辆,成为世界上第十大汽车制造国。就在这一年,中国轿车的第二轮合资热潮开始了。上海通用、广州本田破土动工,其后别克、雅阁轿车落户中国,使国产汽车的词典里又多了个"中高档轿车"的名词。

21世纪90年代末,我国涌现出吉利、长城、比亚迪、奇瑞等一批自主品牌汽车企业。从2002年开始,以个人消费为支撑,汽车产销量年均递增20%以上。2009年,我国汽车产量突破1000万辆,首次超越美国成为全球第一大汽车生产国,并延续至今。

❻ 中国汽车工业现代化新征程

党的十八大以来,党中央高瞻远瞩,审时度势,深入推进汽车工业高质量发展。我国将发展新能源汽车确定为国家战略,出台了一系列政策措施:

(1)2012年,国务院发布《节能与新能源汽车产业发展规划(2012—2020年)》。2013年,各相关部门推出新能源汽车购置财政补贴、购置税减免等多项举措。2015年,我国新能源汽车产量达34万辆,销量33.1万辆,同比分别增长3.3倍和3.4倍,新能源汽车产销首次成为全球第一。

(2)2017年4月,工业和信息化部、国家发展改革委、科技部发布了《汽车产业中长期发展规划》。

(3)2020年10月,国务院办公厅发布《新能源汽车产业发展规划(2021—2035年)》,这是我国关于新能源汽车产业发展的重要纲领性文件,对产业未来发展具有重要的指导意义。

在新发展格局下,2018年取消专用车、新能源汽车的外资股比限制,2020年取消商用车外资股比限制,2022年取消乘用车外资股比限制,同时取消合资企业不超过两家的限制。至此,我国汽车工业对外资实现全面开放。2023年,我国新能源汽车产销分别达到958.7万辆和949.5万辆,市场占有率达到31.6%,连续9年位居世界第一。新能源汽车成为中国汽车工业重要的增长点,出口带动明显,2023年新能源汽车出口120.3万辆,同比增长77.6%,新能源汽车产业进入全面市场化拓展期。

❼ 中国汽车工业主要特点

70多年来,在中国共产党的坚强领导下,我国汽车工业走出了一条具有中国特色的发展道路,取得了举世瞩目的成就。

①汽车工业形成规模化发展,已经成为国家经济发展支柱产业。汽车在国民经济中的地位和作用持续增强,对推动经济增长、促进社会就业、改善民生福祉作出了突出贡献。2023年,我国汽车产销首次突破3000万辆,创历史新高,连续15年位列全球第一,其中汽车出口491万辆,首次成为世界第一出口国。

②汽车工业技术自主创新力度不断加大,核心技术取得长足进展。中国汽车工业坚持整车和零部件并重,强化整车的集成技术创新和产品质量提升,推动电动化与网联化、智能化并行发展。我国汽车企业的研发投入占营业收入的比重为5%左右,研发人员占从业人员比重超过10%,均已达到跨国企业水平。

③汽车工业产业结构合理,产业供应链完善。我国汽车工业已经从初期的"点状布局",发展形成了长三角、东北、长江中游、京津冀、珠三角、成渝六大汽车产业集群,辐射面广、带动效应强。我国汽车零部件产业供应体系逐步完善,形成了全球规模最大、品类齐全、配套

完整的产业体系。汽车产业加速由零部件、整车研发生产及营销服务企业之间的"链式关系",逐步演变成为汽车、能源、交通、信息通信等多领域多主体参与的"网状生态"。我国已成为全球新能源和智能网联汽车实现产业化的重要推动者。

④汽车企业竞争力显著增强,自主品牌竞争力优势显现。我国汽车工业完成了从产品仿制到自主创新的跨越,企业综合实力不断积聚,品牌价值持续攀升。2022年中国品牌乘用车市场占比已提升至50%,产品认可度得到显著提升。

⑤中国汽车工业国际影响力不断提升。在党中央坚强领导下,我国汽车工业统筹利用国际国内两种资源、两个市场,形成涵盖技术研发、资本运作、营销推广、品牌建设等多元化、深层次的国际合作模式,企业国际化经营能力显著提升,中国品牌汽车在全球影响力日益提升。

⑥中国汽车工业政策体系日益完善,产业发展环境持续优化。在党中央的高度重视下,各有关部门加强协调、通力合作,从谋发展、推转型、促消费等方面持续完善汽车产业政策体系,为行业增信心、为发展增动能、为市场增活力、为企业减负担。中国汽车产业政策体系逐渐完善,管理思路更加清晰,管理成效愈加显著,有效促进了汽车行业健康、稳定、高质量发展。

第三节 汽车外观的发展

汽车外观的发展与完善经历了一个漫长的过程。汽车诞生初期,汽车设计师们把主要精力放在了汽车的动力、机械传动及电气设备等方面,汽车外观设计只是作为遮风挡雨的单一功能而存在。随着汽车结构的不断完善,人类生活水平的提高,人们开始追求汽车外观、色彩的多样化以及乘坐的舒适性、操纵的便利性。从20世纪40年代开始,汽车设计师相继引入空气动力学、流体力学、人体工程学、美学等设计汽车,力求让汽车能够满足各种年龄、阶层、个性、性别,甚至各种文化背景的人的不同需求,使汽车成为现代科学技术与艺术相结合的艺术产品(图1-44)。

图1-44 汽车设计艺术——宝马概念车

在这个过程中诞生了无数经典汽车产品,它们跨越岁月长河,在人们心中留下深刻印象,并最终凝结为那个时代的时尚印记(图1-45)。

图1-45　经典汽车造型

总的来说,汽车车身形式的发展主要经历了马车形汽车、箱形汽车、流线型汽车、船形汽车、鱼形汽车和楔形汽车等几个阶段。

❶ 马车形汽车

汽车诞生之初,其车身造型基本沿用了马车的形式,因此称为"无马的马车",英文"Sedan"就是指欧洲贵族乘用的一种豪华马车。因为当时巴洛克艺术风靡欧美,于是,工匠们将汽车与巴洛克艺术相结合,在车身上雕刻出各种艺术作品,打造出一款款令世人惊艳的豪华座驾,展现出了那个时代独有的奢靡浮华(图1-46)。

❷ 箱形汽车

由于马车形汽车很难抵挡风雨的侵袭,无法保障驾乘人员的安全,汽车设计者开始把车身封闭起来,同时把发动机布置在车身最前面,形成了箱形汽车,(图1-47)。

图1-46　马车形车身

图1-47　箱形汽车

相对于马车型外观,主要的变化有三点:
①发动机舱变长,以能布置下排量更大、缸数更多、结构更复杂的发动机;

② 为了保证乘客的温暖和舒适,汽车开始采用全封闭车厢,也出现了更多的4门车型,方便后排乘客上下;

③ 车轮直径进一步减小,但轮胎却变得更厚。

3 流线型汽车

随着汽车速度的提高,箱形车身空气阻力大的问题开始显现出来,人们开始认识到空气阻力的重要性,汽车设计师们开始把空气动力学概念使用在汽车上,流线型车开始出现。

这一时期车身外观设计发生了革命性的变化。1927年,世界上第一位职业经理人通用汽车总裁——阿尔弗雷德·斯隆,成立了全球汽车企业第一个设计部门——艺术与色彩部,并邀请哈利·厄尔担任部门主管,汽车开始有了色彩和艺术。哈里·厄尔开创了汽车造型设计先河,他常被后人称作"汽车设计之父",他成功地使美国汽车工业从以机械为主导转向性能与外形并重,开启了汽车与艺术设计完美结合的全新时代。他设计的凯迪拉克汽车线条圆润,锥形的尾部,修长低矮的轮廓,车身采用镀铬装饰,给汽车设计带来了前所未有的元素(图1-48)。此外,哈利·厄尔提出了"有计划的废除制度",将汽车设计作为企业研发的重点,联合了市场营销,为开拓消费者需求引领了汽车时尚,并首次提出"概念车设计"的理念,为通用成为世界第一大汽车集团做出了巨大贡献。

最受欢迎的流线型汽车是保时捷创始人费迪南德·保时捷1934年设计的"甲壳虫"汽车。这款车由于其设计独特可爱,最大程度地发挥了甲壳虫外形圆润流畅、阻力小的优点,使甲壳虫汽车成为当时流线型汽车的代表作,受到人们喜爱,成为汽车史上的一个经典造型(图1-49)。

图1-48　哈里·厄尔设计的凯迪拉克经典车型

图1-49　甲壳虫汽车

4 船形汽车

进入20世纪50年代,随着战后经济复苏,人们开始追求奢侈和流行文化,再加上高速公路建设,美国人开始追求宽大豪华汽车。汽车开始出现了三厢造型(图1-50),即"船形车"。所谓三厢就是座舱、发动机舱和行李舱明显分三段,通过将乘客舱与其他两个部分隔离,让车内形成了更为独立且宽敞的空间,整个造型很像一只小船,所以人们把这类车称为"船形汽车"。从20世纪50年代开始船形成为最流行的汽车造型。

图1-50　典型的船形汽车

5 鱼形汽车

船形汽车因尾部过分向后伸出,在高速行驶时会产生较强的空气涡流。为了克服这一缺陷,人们又开发出像鱼脊背的鱼形汽车。鱼形车身是由船形车进化而来的,所以船形汽车的优点都传承了下来。但鱼形车同时存在着一些弱点:一是由于鱼形车的后窗玻璃倾斜角度过大,致使后窗玻璃的表面积增大了1~2倍,车身强度有所下降,产生了结构上的缺陷;二是汽车高速行驶时车辆的升力仍较大,车尾没有足够的下压力,导致行驶状态不稳定。鉴于鱼形汽车的缺点,设计师在鱼形汽车的尾部安上了一个上翘的"鸭尾巴",产生扰流的作用,以此来减少尾部涡流产生的升力,这便是"鱼形鸭尾"式车身。保时捷911至今还在应用"鱼形鸭尾"的车身形式(图1-51)。虽然"鱼形鸭尾"式车身,能克服部分汽车高速行驶时空气的升力,但由于先天的缺陷在所难免,依然会出现升力过大的情况。

6 楔形汽车

为了从根本上解决鱼形汽车的升力问题,设计师开发出楔形汽车。这种车型将车身整体向前下方倾斜,车身后部像刀切一样平直,这种造型能有效地克服升力。1963年,美国人司蒂倍克·阿本提第一次设计了楔形小客车。楔形车的外形清爽利落、简洁大方,具有现代气息,给人以美的享受。现在绝大部分汽车外观都是带有楔形效果的(图1-52),无论是跑车、轿车或者是旅行车。

图1-51　保时捷911采用的"鱼形鸭尾"式车身　　　　图1-52　楔形车身

第四节 汽车科技的演变史

一、汽车发动机技术的演变史

1 汽油发动机的发展史

自德国工程师尼古拉斯·奥托发明发动机以来,经过 140 多年的发展,燃料从当初的煤气变成现在的汽油、柴油乃至天然气,转速从 100r/min 上升到 8000r/min,功率也从当初的 4.4 马力上升到约 800 马力。新的发动机技术不断涌现,例如可变配气相位、多点顺序点火、废气再循环、三元催化、电控燃油喷射等,发动机性能得到了巨大的提升,排放污染物也大幅减少。

发动机技术主要围绕着如何有效控制空气和燃油的最佳比例(空燃比)、减少排放污染,提高燃烧效率,在符合环保标准的前提下实现最佳的动力性和经济性的平衡而开展,同时兼顾振动和噪声等控制。

1)发动机工作循环的变化

(1)奥托循环发动机。

现代汽车用的发动机主要采用奥托循环发动机,即四冲程发动机(图 1-53)。所谓的四冲程包括进气行程、压缩行程、做功行程和排气行程。

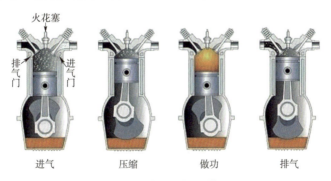

图 1-53 四冲程发动机工作原理

奥托循环发动机因为膨胀比和压缩比相同,具有转动平稳、噪声小等优点。

(2)阿特金森循环发动机。

为了提高发动机的工作效率,工程师们一直在不断改进奥托循环发动机。一种简单的方法就是让发动机的做功行程>压缩行程,即让发动机"吃得更少,做得更多"。1882 年,英国工程师詹姆斯·阿特金森运用一套复杂的连杆机构达到了这一目的(图 1-54)。他用不同的连杆机制协同工作,使得活塞做功行程大于压缩行程,实现了膨胀比大于压缩比,这就是

图1-54 阿特金森循环发动机复杂的连杆机构

最初的"阿特金森循环"。更长的膨胀行程可以更有效地利用燃烧后废气仍然存有的高压,提高了发动机的工作效率和燃油经济性。但是由于阿特金森循环发动机存在连杆机构复杂、转动惯量大、成本高、低速效率低、加速性能差等先天性缺陷,以至于在诞生后的百年间,阿特金森发动机鲜有采用。

真正实现阿特金森循环的是日产汽车2016年推出的VC-Turbo发动机。日产为此研发了近20年,该技术可以在8∶1到14∶1之间任意转换压缩比(可变压缩比),根据不同工况来调整最佳压缩比,从而保证动力性能和燃油经济性皆可达到最优状态。

(3)米勒循环发动机。

米勒循环由美国工程师R.H.米勒于1947年提出并申请专利。米勒循环通过提前关闭进气门,减少进入汽缸的混合气来减小压缩比,以实现膨胀比大于压缩比的目的,提高发动机热效率,降低油耗。与阿特金森采用复杂连杆结构不同,米勒循环相对简单而且容易实现,同时避免了阿特金森循环容易出现的爆震、泵气损失等问题。

米勒循环1993年被马自达公司改进,并申请了专利。马自达汽车实现的米勒循环采用的技术是控制进气门延迟关闭,而不是提前关闭,即现在普遍采用的"可变气门正时"技术。目前,实现米勒循环的发动机技术普遍采用在活塞进气行程结束时并不立即关闭进气门,而是延迟关闭,即当活塞开始压缩行程向上移动一段行程后,才关闭进气门。因此,发动机真正压缩行程变短,自然而然,膨胀比就大于压缩比了(图1-55)。最早运用此技术的是马自达Millenia车型上的KJ—ZEM发动机。

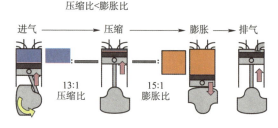

图1-55 米勒循环

现在丰田混动车型上采用的号称阿特金森发动机其本质是米勒循环发动机,是通过"可变气门正时"(VVT-i)技术延迟关闭进气门实现米勒循环。但碍于马自达已经申请米勒循环的专利,丰田这项技术自称为"阿特金森循环"。

米勒循环发动机由于在压缩时进气门没有关闭,部分进气被上行的活塞顶出,导致进气量不够,动力不足,发动机功率不高,一般都配合着混合动力系统应用。因为混动车型在车辆起步阶段,由电动机驱动,电动机低速转矩大,以此来弥补了米勒循环发动机动力性不足的缺陷,而到了中高速匀速行驶时,米勒循环的发动机热效率高,又可以提高燃油的经济性,所以,市面上混动车很多都搭载了米勒循环发动机。

(4)转子发动机。

20世纪50年代初期,德国工程师菲力斯·汪克尔研制成功了转子发动机(图1-56)。日本马自达公司购买了转子发动机专利后经过技术改良,成为世界上唯一量产转子发动机的汽车厂家。转子发动机取消了活塞的直线运动,使得相比同等功率传统汽油发动机,它的零件总数更少,体积更小,重心更低,振动和噪声也更小。但是,由于转子尖角易磨损的问题,严重降低了使用寿命,与一般的四冲程发动机相比,转子发动机没有高压缩比,并且燃烧不够充分,所以导致油耗偏高,其独特的机械结构也造成这类发动机较难维修,再加上排放的问题,渐渐退出了历史舞台。

2)燃油供给方式的变化

早期的发动机采用化油器对燃油和空气进行混合。由于化油器采用机械装置,无法使空燃比控制在14.7∶1这个最佳比例上,而且化油器不能满足现代汽车排放、动力性和经济性的要求,因此,2000年以后,电子控制燃油喷射(Electronic Fuel Iniection,简称EFI)系统全面取代化油器系统。

最早的EFI系统采用缸外单点燃油喷射系统,在进气道节气门前用1~2个喷油器集中喷射(图1-57)。随着电子技术的飞速发展,燃油喷射系统也从机械控制进化成了电子控制,即电控燃油喷射系统。它是以电控单元(ECU)为控制中心,并利用安装在发动机上的各种传感器测出发动机的各种运行参数,再按照电脑中预存的控制程序精确地控制喷油器的喷油量,使发动机在各种工况下都能获得最佳空燃比的可燃混合气。

图1-56 转子发动机

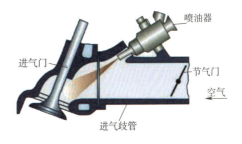

图1-57 进气道喷射

为进一步提高发动机热效率,2006年以后出现了缸内直喷技术(图1-58)。其主要优势在于:一是可以实现分层燃烧和稀薄燃烧,可燃混合气的空燃比可以高达20∶1,这样就可以较大幅度地降低发动机的燃油消耗率;二是可以提高发动机的压缩比,一些缸内直喷发动机的压缩比可以高达13∶1甚至14∶1,提高了汽油发动机的热效率。另外,向汽缸内直接喷射汽油还可以有效地降低汽缸内的温度,防止爆燃的发生。因此,现在越来越多的发动机开始使用缸内直喷技术。不过缸内直喷也存在缺点,比如对燃油的质量要求高,而且缸内容易积炭。为了解决这一问题,出现了双喷射系统(混合喷射),即缸内直喷+缸外喷射。

3)进气方式的变化

最早的发动机都采用自然吸气方式,随着发动机动力性、燃油经济性、环保要求的提高,涡轮增压技术开始发展起来。涡轮增压技术通过与其他先进技术相结合,能显著提高发动机性能,因而成为目前国际上汽油机领域的主流技术。缸内直喷和涡轮增压相结合,可以在提高发动机功率同时提高燃油经济性,降低 CO_2 排放水平。

随着排放要求的不断提高,现代发动机开始采用涡轮增压+缸内喷射+缸外喷射+米勒循环技术。其中,最具代表的是大众的 EA888 发动机(图 1-59)。

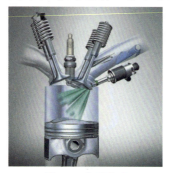

图 1-58　缸内直喷

图 1-59　EA888 发动机采用涡轮增压+缸内喷射+缸外喷射+米勒循环

图 1-60　丰田 VVT-i 发动机

此外,气门开闭的时间点对于各个转速区间来说都是不同的,为取得更好的进气效率,可变气门技术开始发展起来。可变气门技术是通过改变气门的正时或者升程,更好地控制进入缸内的混合气。不同的厂家采用了不同的技术路线,例如,丰田的 VVT-i(Variable Valve Timing-intelligent)智能可变气门正时技术(图 1-60)、本田的 i-VTEC(intelligent Variable Valve Timing and Lift Electronic Control)可变气门正时和升程技术、宝马的 Valvetronic 无极可调气门升程技术,通过控制进、排气门重叠角,最终控制内部 EGR 率,降低排放,同时提高发动机低速和高速时的转矩输出。

随着各国对汽车尾气排放控制的日益严格以及人们对汽车燃料经济性要求的提高,汽车的动力系统正在发生一场新的革命。混合动力驱动系统、现代小型直喷汽/柴油机、氢燃料电池、均质压燃(HCCI)发动机等新式动力源陆续进入市场。而在内燃机领域,增压直喷汽油机和高压共轨柴油机是当前国内外汽车企业研究和发展的主要方向。

此外,在汽油机的点火方面,经历了传统点火、半导体点火到计算机控制点火的发展演变过程。

❷ 柴油发动机的发展史

自 1892 年德国工程师狄塞尔取得柴油机专利以来,经过一百多年的发展,柴油机技术越来越成熟,应用越来越广泛。研究表明,柴油机是目前被产业化应用的各种动力机械中热效率最高、能量利用率最好、最节能的动力装置。柴油机被广泛应用于船舶动力、发电、灌溉、车辆动力等领域,尤其在车用动力方面的优势最为明显。在美国、日本以及欧洲,100%的重型汽车使用柴油机为动力。在欧洲,约 90% 的商用车及 33% 的轿车为柴油车。

1921 年,美国康明斯公司发明了柴油机用喷油泵和喷油器并获得发明专利。1922 年,德国博世公司在康明斯发明的喷油泵基础上,进一步改进了机械喷射结构,采用了紧凑且适用于高压的柱塞泵结构,同时改进了喷油嘴,生产出了 P 型整体式柱塞泵,使泵的喷射压力达到了 10^8Pa(当前最高可以到 2×10^8Pa)。1924 年,康明斯正式采用了泵喷油器,成功开始其首台全自主设计 F 型柴油机的生产,一方面提高了喷射压力,提高了柴油机的功率,同时大大降低了柴油机的重量。1931 年,博世公司开发出了调速器。随后,又创造性地将调速器与喷油泵整合为一体,生产出带有调速器的喷油泵,使燃油喷射系统的精确控制得到了大大的改善,博世公司也因此逐步成为专业化的内燃机燃油喷射控制系统供应商和技术领导者。

目前,先进柴油机上应用的主要技术包括涡轮增压、电控高压共轨直喷(图 1-61)、中冷技术、废气再循环(EGR)以及尾气后处理(SCR)系统。柴油机的涡轮增压主要应用可变截面涡轮(有些发动机还应用了双可变截面涡轮),其中可变截面涡轮通过改变不同工况下涡轮的有效增压截面积,确保低转速和高转速下发动机都能有很好的动力输出。电控高压共轨直喷技术通过高压油泵加压,带电磁阀的喷嘴控制喷油时机和喷油量,实现燃油喷射的精确控制。中冷和废气循环都可以有效提高发动机的热效率,降低涡轮的工作温度并延长其使用寿命,废气循环可以减少氮氧化物等有害气体的排放。而先进的尾气后处理系统(图 1-62)是满足排放法规必须采取的技术措施,主要的措施有氧化催化转换器(DOC)、颗粒捕集器(POC)、颗粒过滤器(DPF)以及选择性催化还原技术(SCR)。其中的前三项主要是针对颗粒物(PM)的排放,选择性催化还原技术主要针对氮氧化物,就是向排气管中喷入尿素,以降低氮氧化物的含量。事实上,在现在的柴油机上,这几项技术是综合存在的,它们共同作用,净化后柴油机尾气中只含有二氧化碳、氮气和水。

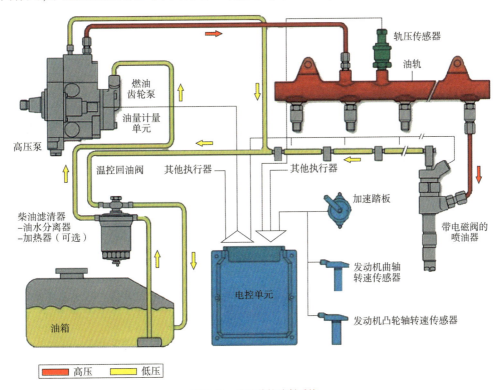

图 1-61　柴油共轨喷射系统

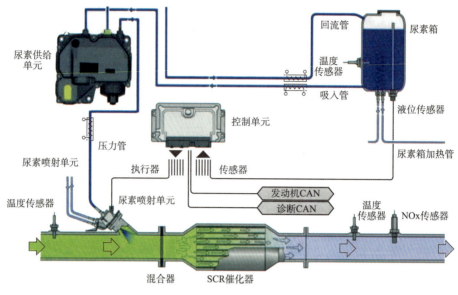

图 1-62 柴油机尾气后处理系统

二、电动汽车技术的发展史

19 世纪末至 20 世纪初,电动汽车的概念开始出现,这一阶段随着蓄电池的出现诞生了最早的电动车。由于这一时期电动汽车主要使用蓄电池作为能量供给,电池技术和电池能量密度限制了电动汽车的实际应用。

20 世纪初随着工业化、全球化的进展,燃油车成为主流交通工具,电动汽车逐渐被边缘化。直到 20 世纪六七十年代,石油危机催生了对替代能源的需求,电动汽车再次引起关注。这一时期通用汽车推出了"Electrovan"和"Impact"等电动车型的概念车。同时电池技术取得突破,锂电池的出现为电动车的商业化带来了生机。锂电池的发明归功于美国化学家约翰·B·古德纳、斯坦利·惠廷汉姆和日本化学家秋道哲雄。他们的研究在锂电池的发展史上起到了关键作用。

1970 年,惠廷汉姆首次提出了可逆锂电池的概念,他使用锂钛酸盐作为正极和金属锂作为负极发明了锂电池。在 20 世纪 80 年代,古德纳改进了电池的正极材料,使用钴氧化物代替之前的材料,显著提高了电池的性能。同时,秋道哲雄使用碳负极(石墨锂嵌入化合物)技术,大大提高了锂电池的安全性和稳定性。这三位科学家的合作和贡献使得锂电池的技术得以完善,最终在 20 世纪 90 年代进入了商业化阶段。锂离子蓄电池以其高能量密度和轻量化等优点成为许多电子设备和电动汽车等领域的主流电池技术。

进入 20 世纪 90 年代,新一代电池技术的引入提高了电动车的续航里程,现代电动车开始起步。1996 年,通用推出了 EV1(图 1-63),成为现代电动车的重要里程碑。21 世纪初,混合动力车型丰田普锐斯(图 1-64)的成功推动了混合动力技术的发展。2003 年,美国特斯拉公司成立,其致力于推动纯电动汽车技术,2008 年发布第一款汽车产品——两门运动型跑车

Roadster，2012年发布第二款汽车产品——四门纯电动豪华轿跑车 Model S，改变了人们对电动车的认知。各大汽车制造商开始纷纷效仿，推出电动车型，电动汽车市场逐渐扩大。

图1-63　通用EV1

图1-64　丰田普锐斯混合动力汽车

近年来，电动汽车进入快速增长期。随着电动汽车技术不断进步，续航里程提升，充电基础设施逐渐完善，越来越多的国家提出禁售燃油车的政策，推动电动汽车市场快速增长。

电动汽车技术主要包括以下几个方面。

（1）电池技术。

目前，电动汽车主要采用锂离子蓄电池，因为其高能量密度、长寿命和相对轻量化。为提高锂离子蓄电池的安全性、续航里程和充电速度，科学家们正在研发固态锂离子蓄电池和钠离子蓄电池等新的电池技术。

（2）电动机技术。

由于永磁同步电动机效率高、结构紧凑，大部分电动汽车采用永磁同步电动机驱动汽车。而由于异步电动机相对简单且成本较低，也被用于部分电动汽车。轮毂电机和磁阻电机主要用于小型电动车。

（3）整车控制及线控底盘技术。

整车控制技术包括车辆管理系统、车载网络和自诊断系统、电池管理系统、电机控制系统、车身及舒适控制系统，协调控制电动机的运行，以确保最佳性能和效率。线控底盘技术包括驱动、转向、制动控制等。

（4）充电技术。

充电技术主要包括快速充电技术和无线充电技术。快速充电技术提供较短时间内高功率充电，通常用于公共充电站。无线充电技术即可通过地面或设备实现无线充电。

（5）电池管理及能量回收技术。

电池管理及能量回收技术包括动力蓄电池的能量管理和热管理，提高能量利用率，通过制动时将动能转化为电能，存储在蓄电池中以提高续航里程。

（6）车载电子系统。

车载电子系统包括车载通信系统和驾驶辅助系统。车载通信系统支持远程监控、升级和车辆互联。驾驶辅助系统包括自动驾驶、自动泊车等技术。

（7）轻量化材料技术。

使用轻量化材料，如碳纤维和铝合金，以降低车辆重量，提高能效和续航里程。

(8)电动汽车基础设施。

发展充电站网络,提高便捷性和覆盖范围。

这些技术共同推动着电动汽车的发展,不断提高其性能、续航里程和用户体验,不断推动着清洁能源交通的发展。

三、汽车底盘技术的演变史

汽车底盘作为构成汽车整体的重要部件,其主要功能是实现汽车的加速、减速、转向、制动等功能,保证车辆正常行驶。随着汽车技术的发展,底盘的构造和技术也得到了不断的改进和完善。

❶ 传动系统的发展

1889年,法国人标致研制成功了齿轮变速器、差速器。1891年,法国人开发出了摩擦片式离合器。19世纪末,法国的帕纳尔勒瓦索公司将发动机装在车前部,通过离合器、变速装置和齿轮传动装置把驱动力传到后轮,这种发动机前置后轮驱动的方案后来被称为"帕纳尔系统"。帕纳尔系统的地位是1901年由当时的戴姆勒发动机公司真正确立起来的,它被安装在威廉·迈巴赫设计的一辆汽车上,这种汽车成为全世界汽车制造商的样板。戴姆勒公司有一位杰出的汽车推销商,名叫埃米尔·那利内克,他很喜欢赛车。他用10岁女儿的名字"梅赛德斯"作为汽车的牌号登记参加尼斯汽车大赛,并战胜了所有的对手,一鸣惊人。梅赛德斯汽车(图1-65)从此开创了汽车新时代。

图1-65 第一辆梅赛德斯汽车

汽车变速器的发展也从最早的手动变速器,经历了机械液力自动变速器、电控自动变速器(图1-66)、无极变速器(CVT)(图1-67)、双离合变速器(DSG)的演变过程。

图1-66 汽车自动变速器

图1-67 无极变速器(CVT)

❷ 制动系统的发展

从汽车诞生时起,车辆制动系统在车辆的安全方面就扮演着至关重要的角色。1896年,英国人首次采用石棉制动片,大大提高了汽车行驶的安全性。

最原始的制动控制只是驾驶人操纵一组简单的机械装置向制动器施加作用力,随着汽车质量的增加,助力装置对机械制动器来说已显得十分必要。于是,开始出现真空助力装置和液压制动系统。1932年,凯迪拉克采用直径419.1mm的鼓式制动器,并配有制动踏板控制的真空助力装置。在制动器方面,盘式制动器(图1-68)的应用越来越广泛。

图1-68　保时捷卡雷拉GT跑车盘式制动器

1936年,德国博世公司申请了一项机械控制的防抱死制动系统(ABS)专利。20世纪80年代后期,随着电子技术的发展,ABS技术、牵引力控制系统(TCS)、电子车身稳定系统(ESP)开始广泛应用在汽车上,大大提高了汽车的主动安全性和操纵性。

21世纪以来,汽车底盘出现了电动化、智能化、轻量化等新技术。总的来说,汽车底盘技术随着科学技术、制造工艺的发展而不断发展和完善。

实训模块

1. 请同学们结合世界汽车工业发展史,上网观看《汽车百年》纪录片,并写出观后感。

2. 请同学们上网查找我国"一汽"的发展史料,了解我国汽车工业从无到有,从弱到强的发展之路,树立为建设汽车强国而奋发图强的目标。

思考与练习

一、填空题

1. 在中国历代车辆发展过程中,最有技术价值的是_____和_____。

2. 从18世纪60年代开始,随着_____的到来,开创了以_____代替手工劳动的技术革命。

3. 以_____、_____被广泛使用为标志,人类开启了第一次工业革命。

4. 1886年德国的工程师_____发明了世界上第一辆三轮汽车,_____年1月29日被认为是世界汽车的诞生日。

5. 1908年福特公司推出了闻名于世的_____,并开创了_____装配法,极大地提高了生产效率。

6. 1952年4月,中央确定在_____建立第一汽车制造厂。

7. 汽车车身形式在发展过程重主要经历了_____,_____,_____,船形、鱼形和

_____六种类型。

8.汽油机的点火方面经历了传统点火、_____到_____点火的发展演变过程。

二、判断题

1.18世纪中后期,英国人瓦特进一步改良了蒸汽机,为汽轮机和内燃机的发展奠定了基础。（　　）

2.勒努瓦发明了柴油机。（　　）

3.迈巴赫发明了第一辆四轮汽车。（　　）

4.1901年,费迪南德·保时捷研制成功世界上第一辆使用轮毂电机的混合动力汽车。（　　）

5.1889年,法国人阿尔芒·雪铁龙成功研制出了齿轮变速器和差速器。（　　）

6.2023年,我国汽车产销首次突破3000万辆,创历史新高,连续15年位列全球第一,其中汽车出口491万辆,首次成为世界第一出口国。（　　）

7.哈里·厄尔开创了汽车造型设计先河,他被后人称作"汽车设计之父"。（　　）

8.米勒循环由美国工程师R.H.米勒于1947年提出并申请专利。（　　）

9.丰田混动车型上采用的阿特金森发动机,其本质是米勒循环发动机。（　　）

10.汽油机是目前被产业化应用的各种动力机械中热效率最高、能量利用率最好、最节能的动力装置。（　　）

三、选择题

1.被誉为"柴油机之父"的是（　　）。
　　A.尼古拉斯·奥托　　　　　B.戴姆勒
　　C.迈巴赫　　　　　　　　　D.狄塞尔

2.发明四冲程内燃机的是（　　）。
　　A.尼古拉斯·奥托　　　　　B.戴姆勒
　　C.迈巴赫　　　　　　　　　D.狄塞尔

3.被誉为中国汽车工业摇篮的是（　　）。
　　A.东风汽车公司　　B."一汽"　　　C."上汽"　　　D."北汽"

4.1895年,（　　）人米其林兄弟发明充气式橡胶轮胎。
　　A.英国　　　　B.法国　　　　C.德国　　　　D.美国

5.英国早在1857年便诞生（　　）蒸汽汽车。
　　A.捷豹　　　　　　　　　　B.路虎
　　C.沃克斯豪尔　　　　　　　D.劳斯莱斯

6.英国、法国、德国、（　　）四国宣告于2040年后,禁止出售使用汽油和柴油的轿车。
　　A.挪威　　　　B.瑞典　　　　C.芬兰　　　　D.比利时

7.日本的汽车工业源于（　　）。
　　A.英国　　　　B.法国　　　　C.德国　　　　D.美国

8.日本丰田的（　　）是世界上最早、销量最大的混合动力汽车。
　　A.卡罗拉　　　B.普锐斯　　　C.雅阁　　　　D.凯美瑞

四、问答题

1. 汽车的定义是什么?
2. 福特发明的汽车装配流水线生产方式对汽车工业有何意义?
3. 德国汽车工业有何特点?
4. 21世纪汽车工业主要发展趋势有哪些?
5. 中国汽车工业主要特点有哪些?

第二章 汽车结构基础

知识目标
1. 掌握汽车的分类；
2. 掌握汽车的基本结构和编号。

能力目标
1. 能够分辨汽车类型；
2. 能够通过汽车的编号读取汽车相关信息。

素养目标
1. 培养独立思考分析问题的能力；
2. 具备团队合作精神和与人沟通的能力；
3. 树立为建设汽车强国而努力学习的理想。

建议学时
6学时。

第一节 汽车的分类

一、按机动车的类别分类

根据《机动车运行安全技术条件》(GB 7258—2017)，汽车属于机动车，主要分为：载客汽车、载货汽车、专项作业车、气体燃料汽车、两用燃料汽车、双燃料汽车、纯电动汽车、插电式混合动力汽车、燃料电池汽车、教练车、残疾人专用汽车等11类，见表2-1。

第二章 汽车结构基础

按机动车的类别分类 表 2-1

序号	名称	定义	子类
1	载客汽车	设计和制造上主要用于载运人员的汽车,包括装置有专用设备或器具但以载运人员为主要目的的汽车	乘用车(包括驾驶人座位在内最多不超过9个座位)
			旅居车
			客车(包含乘坐人数10人以上的中型和大型客车)
			校车
2	载货汽车	设计和制造上主要用于载运货物或牵引挂车的汽车	货车
			半挂牵引车
			低速汽车(三轮汽车和低速货车的总称)
3	专项作业车	装置有专用设备或器具,在设计和制造上用于工程专项(包括卫生医疗)作业的汽车,但不包括装置有专用设备或器具而座位数(包括驾驶人座位)超过9个的汽车(消防车除外)	汽车起重机、消防车、混凝土泵车、清障车、高空作业车、扫路车、吸污车、钻机车、仪器车、检测车、监测车、电源车、通信车、电视车、采血车、医疗车、体检医疗车等
4	气体燃料汽车	装备以石油气、天然气或煤气等气体为燃料的发动机的汽车	—
5	两用燃料汽车	具有两套相互独立的燃料供给系统,且两套燃料供给系统可分别但不可同时向燃烧室供给燃料的汽车,如汽油/压缩天然气两用燃料汽车、汽油/液化石油气两用燃料汽车等	—
6	双燃料汽车	具有两套燃料供给系统,且两套燃料供给系统按预定的配比向燃烧室供给燃料,在缸内混合燃烧的汽车,如柴油-压缩天然气双燃料汽车,柴油-液化石油气双燃料汽车等	—
7	纯电动汽车	由电机驱动,且驱动电能来源于车载可充电能量储存系统的汽车	—
8	插电式混合动力汽车	具有可外接充电功能,且有一定纯电驱动模式续驶里程的混合动力汽车,包括增程式电动汽车	—
9	燃料电池汽车	以燃料电池作为主要动力电源的汽车	—
10	教练车	专门从事驾驶技能培训的汽车	—
11	残疾人专用汽车	在采用自动变速器的乘用车上加装符合标准和规定的驾驶辅助装置,专门供特定类型的肢体残疾人驾驶的汽车	—

机动车按使用性质分为营运、非营运和运送学生机动车。营运机动车是指个人或者单位以获取利润为目的而使用的机动车;非营运机动车是指个人或者单位不以获取利润为目的而使用的机动车;运送学生机动车是指用于有组织地接送 3 周岁以上学龄前幼儿或义务教育阶段学生上下学的 7 座及 7 座以上的载客汽车,即校车。

二、按动力装置形式分类

汽车按照驱动力可分为内燃机(主要包括汽油机和柴油机等)汽车和新能源汽车(主要包括纯电动汽车、混合动力电动汽车和燃料电池电动汽车),如图 2-1 所示。

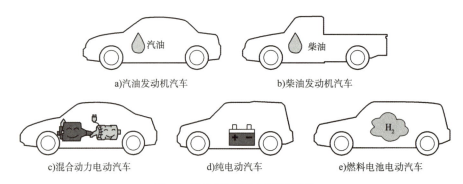

图 2-1　按动力装置形式分类的汽车

1 内燃机汽车

现代汽车普遍采用内燃机作为动力装置。内燃机的分类方法很多,按照不同的分类方法可以把内燃机分成不同的类型。下面我们以所需燃料类型简要介绍内燃机汽车。

1)汽油发动机汽车

这类汽车采用汽油发动机作为动力装置,如图 2-2 所示。汽油发动机是以汽油作为燃料的发动机,汽油机的特点是转速高、结构简单、质量轻、造价低廉、运转平稳、使用维修方便。汽油机在汽车上,特别是小型汽车上大量使用,至今不衰。

2)柴油发动机汽车

这类汽车使用柴油发动机,如图 2-3 所示。柴油发动机的动力性、燃油经济性较好,广泛应用于载货汽车、载客汽车等车型上。由于柴油发动机的优势逐渐被人们所重视,在部分中高档轿车上也开始采用。

3)其他内燃机汽车

除了汽油机和柴油机外,内燃机还包括 CNG(天然气)发动机、LPG(液化石油气)发动机和酒精发动机等。由于形势日趋严峻的能源紧缺问题,尤其是石油的短缺,人类不得不寻找能替代汽油和柴油的燃料作为内燃机的新燃料。总之,内燃机将朝着节约能源、提高效率、减少排放污染等方向不断地发展。

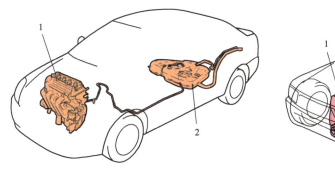

图2-2　汽油发动机汽车
1-发动机；2-汽油箱

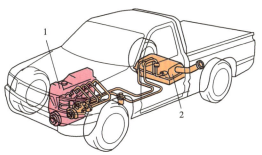

图2-3　柴油发动机汽车
1-发动机；2-柴油箱

❷ 新能源汽车

在我国，新能源汽车是指采用非常规的车用燃料作为动力来源，或使用常规的车用燃料，采用新型车载动力装置，综合车辆的动力控制和驱动方面的先进技术，形成的具有新技术、新结构的汽车。非常规的车用燃料指除汽油、柴油、天然气（NG）、液化石油气（LPG）、乙醇汽油（EG）、甲醇等之外的燃料。因此，人们熟知的天然气汽车、液化石油气汽车、甲醇汽车等，都不属于新能源汽车，而属于节能汽车。

新能源汽车是我国建设制造强国的支柱产业，新时代我国的新能源汽车开始进入发展快车道，我国已经连续9年成为世界第一大新能源汽车产销大国。

新能源汽车主要类型包括纯电动汽车，混合动力电动汽车和燃料电池汽车（图2-4）。

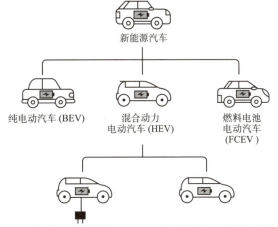

图2-4　新能源汽车类型

1）纯电动汽车（BEV：Battery Electric Vehicle）

纯电动汽车是指驱动能量完全由电能提供的、由电机驱动的汽车。电机的驱动电能来源于车载可充电储能系统或其他能量储存装置。纯电动汽车具有无排放污染物、低噪声、效率高等优点。

动力蓄电池及管理系统技术、驱动电机及其控制技术、整车控制技术以及能量管理技术是纯电动汽车核心技术。一般把电机、电池、电控系统称为电动汽车的三电系统。电动汽车工作时车辆控制单元（VCU）检测各传感器信号，识别车辆的不同工况，控制电机控制单元（MCU）工作，MCU 把电池包的高压直流电源转变为控制电机的三相交流电，由驱动电机驱动车辆。

纯电动汽车的能源主要由动力蓄电池提供。目前电动汽车动力蓄电池主要有磷酸铁锂电池、三元锂电池、钛酸锂电池等类型。我国是世界动力蓄电池最大的生产国，主要厂家有：宁德时代、比亚迪、国轩高科、亿纬锂能、蜂巢能源、鹏辉能源等。其中宁德时代是全球动力蓄电池和储能电池最大的厂家。比亚迪是全球唯一掌握三电技术的电动汽车厂家。

2）混合动力电动汽车（HEV：Hybrid Electrical Vehicle）

混合动力电动汽车是指至少能够从可消耗的燃料或可再充电能/能量储存装置的能量中获得动力的汽车。

混合动力电动汽车技术

混合动力汽车按动力耦合方式的不同可以分为串联式、并联式和混联式（图 2-5）。串联式混合动力汽车的驱动力只来源于电机，并联式混合动力汽车的驱动力由电机及发动机同时或单独供给，而混联式混合动力汽车同时具有串联式和并联式驱动方式。

a）插电式混合动力汽车（并联） b）插电式混合动力汽车（串联）（增程式混合动力汽车） c）插电式混合动力汽车（混联）

图 2-5 三种混合动力模式结构

混合动力汽车按外接充电能力分为不可外接充电式混合动力汽车和可外接充电式混合动力汽车（插电式混合动力汽车）。

混合动力电动汽车是内燃机汽车向纯电动汽车发展过程中的过渡车型。混合动力电动汽车的主要优点在于：采用小排量的发动机降低了燃油消耗；将制动和下坡时的能量回收到蓄电池中再次利用，降低了燃油消耗；在繁华市区，可关停内燃机，由电机单独驱动，实现"零排放"。目前比较成熟的混合动力技术是比亚迪的 DM-i 双模混动系统和丰田的 THS 混合动力系统（图 2-6）。

3）燃料电池汽车（FCEV：Fuel Cell Electric Vehicle）

燃料电池电动汽车（图 2-7）是指以燃料电池系统作为单一动力源或者是以燃料电池系统与可充电储能系统作为混合动力源的电动汽车。

其主要特点是能量转换效率可高达 60%～80%；零排放，不会污染环境，此外氢燃料来源不依赖于石油燃料，因此，氢燃料电池汽车被称为"终极环保汽车"，具有零污染、高续驶等优点，是新能源汽车的研发重点。但由于全产业链成本居高不下，氢燃料电池汽车的推广面临较大挑战。

图 2-6　丰田混合动力 THS 系统

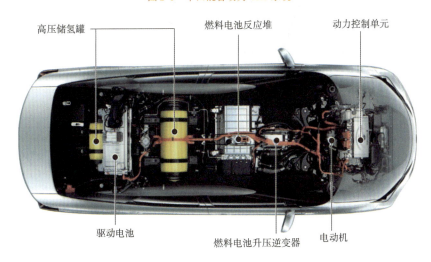

图 2-7　燃料电池电动汽车结构

三、按驱动方式分类

按照驱动方式可将汽车分为 FF、FR、MR、RR、4WD 五种类型,如图 2-8 所示。

❶ 发动机前置,前轮驱动车辆(FF)

因为 FF 车辆没有传动轴,所以乘员室设计平整、宽敞、舒适。

❷ 发动机前置,后轮驱动车辆(FR)

因为 FR 车辆有较好的质量平衡,故其操控性和稳定性很好。

❸ 发动机中置,后轮驱动车辆(MR)

因为 MR 车辆的前桥和后桥上有较好的质量平衡,故其操控性很好。

4 发动机后置,后轮驱动车辆(RR)

因为 RR 车辆没有传动轴,且发动机处于车辆后方,故具有室内噪声低,有利于车身内部布置等优点。

5 四轮驱动车辆(4WD)

因为 4WD 车辆的 4 个车轮均为驱动车轮,故在较差的路况下行驶时稳定性好。

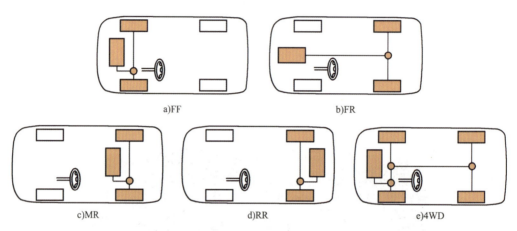

图 2-8 按驱动方式分类的汽车

四、按汽车的用途分类

国际上按汽车的用途将汽车分为乘用车和商用车两大类,如图 2-9 和图 2-10 所示。乘用车即我们平时说的轿车或小汽车,也包括了轿车的各种变形车(如越野车、旅行车等)。除轿车之外的其他车都称为商用车,商用车又被划分为三类:载客汽车、载货汽车和特种汽车,如图 2-11 所示。

图 2-9 乘用车　　　　　　　　图 2-10 商用车

按功能作用不同,乘用车又有以下变种类型(图 2-12)。

a)载客汽车

b)载货汽车

c)特种汽车(消防车)

图 2-11　商用车的三大类别

a)微型车

b)SRV

c)MPV

d)SUV

e)越野车

f)旅行车

图 2-12　乘用车的变形种类

❶ 微型车

微型车,一般指 A 型车中的 A00 级车,A00 级车的轴距应在 2～2.2m 之间,发动机排量小于1L,例如 SMART(精灵)公司旗下的 smart fortwo 车型,其配置的发动机排量为0.9L。其车型如图 2-12a)所示。

❷ 休闲轿车

休闲轿车（RV：Recreational Vehicles）的变种：小型休闲轿车 SRV（Small Recreation

Vehicle),一般为两厢车。其车型如图 2-12b)所示。

③ 多用途轿车

多用途轿车(MPV：Multi-Purpose Vehicles),如广州本田奥德赛、东风悦达起亚的嘉华、海南马自达的普力马、江淮的瑞风、斯巴鲁 Exiga 等。其车型如图 2-12c)所示。

④ 运动型多功能车

运动型功能车(SUV：Sports Utility vehicle),是越野车与旅行车的结合体。SUV 是集越野、储物、旅行、牵引多种功能为一体的轿车,所以称之为运动型多功能车。其车型如图 2-12d)所示。

⑤ 越野车

越野车,国际上简称 G 型车,是指能够适应恶劣道路环境及野外行驶的车辆,适用于爬坡、涉水等恶劣环境,如北京吉普、悍马、陆虎等。其车型如图 2-12e)所示。

⑥ 旅行车

在英语中,旅行车称为"wagon",大多数旅行车都是以轿车为基础,把轿车的行李舱盖加高到与车顶齐平,用来增加行李空间。"wagon"的特点在于它既有轿车的舒适性,又有相当大的行李空间,如一汽大众的高尔夫旅行车。其车型如图 2-12f)所示。

在我国,乘用车(轿车)分级是以发动机排量为依据的,如表 2-2 所示。

轿车分类　　　　　　　　表 2-2

发动机排量 V	轿车类型	参考级别	市场类别
$V \leqslant 1L$	微型轿车	A0 级	小型轿车
$1L < V \leqslant 1.6L$	普通轿车	A 级	紧凑型轿车
$1.6L < V \leqslant 2.5L$	中级轿车	B 级	中型轿车
$2.5L < V \leqslant 4L$	中高级轿车	C 级	中大型轿车
$V > 4L$	高级轿车	D 级	豪华型轿车

第二节　汽车的基本结构

随着科技的进步,现代汽车的结构越来越复杂,技术含量也越来越高。以内燃机为动力的汽车总体构造可分为发动机、底盘、电气设备和车身四大部分,如图 2-13 所示。

纯电动汽车与传统汽车相比,动力部分由电机代替了发动机,动力蓄电池及管理系统取代了燃油供给系统。传动机构发生了改变,部分部件已经简化或者取消。由于以上系统功能的改变,纯电动汽车主要由电机及驱动控制系统、电池及管理系统、整车及辅助控制系统、底盘、车身五部分组成(图2-14)。

图 2-13　传统燃油车的组成

图 2-14　电动汽车的组成

一、发动机

发动机是汽车的心脏,为汽车的行驶提供动力。发动机通过燃料燃烧,把燃烧过程中产生的热能转变为机械能,再通过底盘的传动系统输送到行驶系统的车轮上,转变为汽车前进或后退的驱动力。

汽油发动机(图2-15)主要包括两大机构和五大系统,它们分别是曲柄连杆机构、配气机构、燃料供给系统、冷却系统、润滑系统、点火系统和起动系统。柴油机没有点火系统。

二、底盘

汽车底盘由传动系统、行驶系统、转向系统和制动系四大系统组成(图2-16)。汽车底盘的作用是为整车提供支承、安装汽车车身、发动机及其他各部件及总成,形成汽车的整体造型,保证乘员的舒适性和安全性,并把发动机动力传递给驱动轮,操纵和控制汽车的行驶状态,保证汽车的行驶稳定性和安全性,保证车辆正常行驶等。

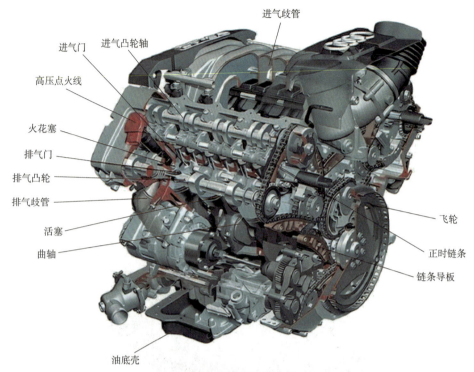

图2-15　汽油发动机结构

图2-16　汽车底盘

随着汽车底盘技术的发展,新能源及智能汽车主要采用线控底盘技术。线控底盘是一种新型的汽车底盘,它通过传感器将驾驶人的操作或意图转变为电信号,由控制器根据信号进行决策,控制执行器工作,从而实现车辆控制。线控底盘主要由线控转向、线控制动、线控换挡、线控驱动以及线控悬架五大系统组成。线控底盘的优势在于它的控制功能响应速度更快,机械部件更少,控制更精确,更容易实现智能驾驶。

1 传动系统

传动系统一般由离合器、变速器、万向传动装置、主减速器、差速器和半轴等组成

(图2-17)。传动系统的基本功用是将发动机输出的动力传给驱动轮产生驱动力,保证汽车正常行驶。

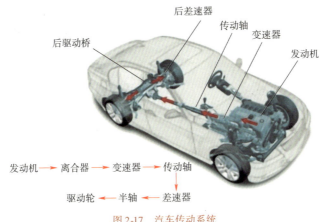

图2-17 汽车传动系统

② 行驶系统

行驶系统是汽车的基础框架,由车架、车桥、车轮、轮胎以及位于车桥和车架之间的悬架组成。车架是汽车的装配基体,整个汽车各总成均安装在车架上。车桥与车轮负责汽车的行驶。悬架(图2-18)将车桥、车架、车轮连接起来,起到传力、导向和缓冲减振的作用。汽车悬架主要有独立悬架和非独立悬架两种类型。行驶系统对汽车的操纵稳定性、乘坐舒适性有重要的影响。

图2-18 汽车悬架

③ 转向系统

转向系统的作用是控制车辆行驶方向,保证汽车正常安全行驶。转向系统主要由转向操纵机构、转向器和转向传动机构等组成。转向系统目前主要有液压助力转向系统、电动助力转向系统(图2-19)和线控转向系统三种。电动助力转向系统是当前转向系统主流方案,并正逐步向线控转向系统(SBW)发展。电动汽车一般采用线控转向系统。

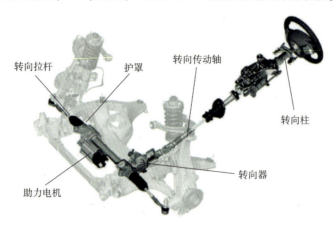

图 2-19　电动助力转向系统

线控转向系统(SBW)是指取消中间传动轴,转向盘与转向机构之间只通过电信号传输的转向系统。线控转向动力来源完全由人手以外的动力提供,故又称为全动力转向。线控转向主要具备以下 5 点优势：

(1)提高安全性能。线控转向取消了转向柱后,可避免事故中转向柱对驾驶人的伤害；在驾驶人驾驶模式下,线控转向 ECU 根据行驶状态能够判断驾驶人操作是否合理,做出一定的调整,提升驾驶稳定性。

(2)助力底盘一体化发展,降低生产配套成本。线控转向由于实现了机械解耦,空间布置灵活,可以适用不同车型,生产配套成本降低。

(3)助力高级别智能驾驶。线控转向系统取消了传统转向系统的中间轴的机械连接,可以实现由电子控制单元(ECU)主动决策执行转向操作,并可在转向过程中保持转向盘静默,方便驾驶人接管。

(4)实现随速可变转向比。传统转向系统采用机械连接,转向比一般固定,由齿轮等机械结构决定。线控转向没有机械连接,转向比完全可以靠软件随时调节,实现随速度变化的传动比变化。

(5)提供更大的车内空间。线控转向取消转向柱后,转向盘下方空间增加,能够提供更大的腿部空间,提高驾驶位的自由度和进出的方便性。

4 制动系统

制动系统(图 2-20)由行车制动装置和驻车制动装置两大部分组成。主要包括制动踏板、制动主缸、制动轮缸、真空助力器、制动油管、制动器等组成。行车制动装置的作用是使行驶中的汽车减速直至停车,由驾驶人通过制动踏板来操纵。驻车制动装置的作用是保证汽车停车可靠,使车辆驻留在原地不动。驻车制动器通常由驻车制动手柄或电子驻车开关来操纵。

汽车制动系统经历了机械式、液压式、电子液压、线控制动几种类型的变化。为了保证汽车制动系统工作更加安全可靠,制动系统全部配备了 ABS 系统。现代新能源汽车制动系统一般采用线控制动系统(图2-21),具有响应速度快、控制精度高、能够实现更高的能量回收和满足高级别智能驾驶性能要求等特点。

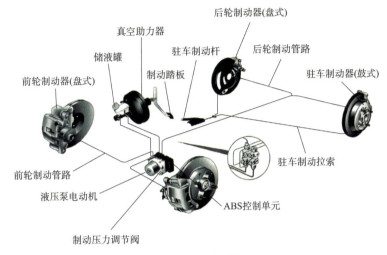

图 2-20　制动系统

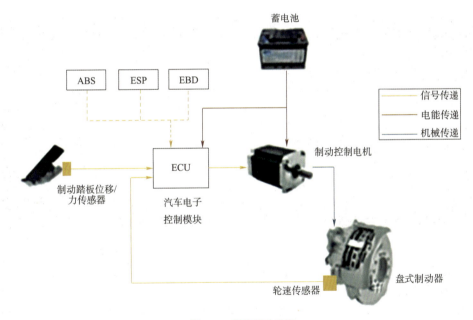

图 2-21　线控制动系统

三、电气设备

随着汽车电动化、智能化,网联化程度越来越高,汽车上的电子电气设备也越来越多。一般来说,汽车电子电气设备包括电源系统、照明与信号系统、仪表及报警系统、通信及网络控制系统、舒适及辅助控制系统等。

❶ 电源系统

汽车采用直流电源供电。传统汽车的电源系统由蓄电池、发电机、调节器及工作状况指示装置组成,向全车用电设备提供低压直流电。而电动汽车的电源系统包含高压电池包的高压直流系统和低压蓄电池的低压直流系统、充配电系统等三部分。

❷ 照明与信号系统

照明系统的作用是确保车辆内外一定范围内合适的亮度,信号系统的作用是告示行人及车辆引起注意,指示行驶意图及车辆状态。主要由远光灯、近光灯、行车灯、雾灯、示廓灯、转向灯、制动灯、倒车灯、电喇叭等用电设备及其控制电路组成。

❸ 仪表及报警系统

用来监测汽车的工作情况,使驾驶人能够通过仪表及报警装置,了解汽车各总成运行的各种参数、状态,及时发现异常情况,确保汽车正常运行。传统燃油车的仪表及指示如图2-22所示,新能源汽车以比亚迪混合动力汽车秦为例,如图2-23所示。

图2-22 传统燃油车的仪表及指示

❹ 通信及网络控制系统

由于汽车不同控制域系统之间采用不同的通信协议,通信及网络控制系统主要负责汽车各控制系统之间的通信和数据交互,保证车辆各系统正常工作。不同的车辆采用不同的网络控制系统(图2-24)。

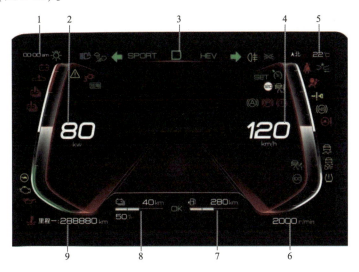

1-时间;2-功率表;3-挡位;4-车速表;5-车外温度;6-转速表;7-燃油表;8-电量表;9-里程

⇆	转向指示灯		小灯指示灯		充电系统警告灯		发动机故障警告灯
	智能远近光灯指示灯(装有时)		后雾灯指示灯		驱动功率限制指示灯		动力电池过热警告灯
	安全带未系指示灯(装有时)		定速巡航主指示灯		自动紧急制动指示灯		动力电池故障警告灯
(P)	电子驻车指示灯	SET	定速巡航控制指示灯	(A)	自动驻车指示灯(进入待命状态,指示灯显示白色)	放电	放电指示灯
⚠	主告警指示灯		智能钥匙系统警告灯	(100)	ACC巡航车速(装有时)		动力系统故障警告灯
	SRS故障警告灯		转向系统故障警告灯		ACC故障警告灯(装有时)	(120)	交通标志识别指示灯(装有时)
	ABS故障警告灯		ESP OFF警告灯		ACC工作状态(装有时)	OK	OK指示灯
	驻车系统故障警告灯		机油压力低警告灯	ECO	ECO指示灯		充电连接指示灯
	ESP故障警告灯		冷却液温度高/液位低警告灯		灯光总开关指示灯		ACC待机状态指示灯(白色)(装有时)
	胎压故障警告灯		全天候指示灯		燃油低警告灯		

图2-23 比亚迪混合动力汽车秦的仪表及指示灯

5 舒适及辅助控制系统

一般包括风窗刮水/清洗装置、风窗除霜/防雾装置、起动预热装置、音响娱乐装置、车窗电动升降装置、电动座椅加热及调节装置、中央电控门锁、空调控制等装置。

四、汽车车身

汽车车身安装在车架上。车身为整车建构良好的空气动力学环境和合适的承载空间,为驾驶人、乘客以及货物提供保护。汽车车身结构从形式上主要分为非承载式车身(图 2-25)和承载式车身(图 2-26)。乘用车一般采用承载式车身。

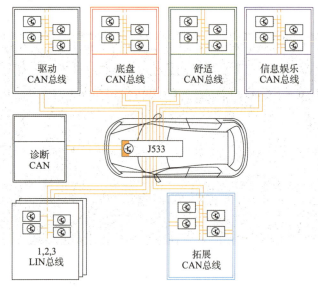

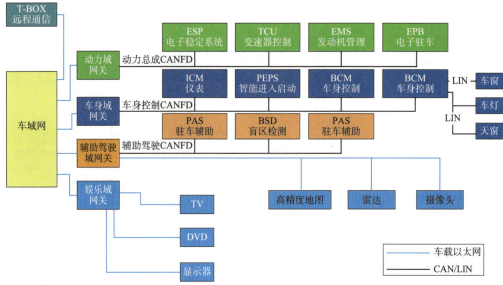

图 2-24　通信及网络控制系统

图 2-25　非承载式车身　　　　图 2-26　承载式车身

第三节 汽车的编号

在汽车上使用编号,是各国政府为了管理机动车辆而实施的一项强制性规定。有了产品型号就可以使用计算机对车辆进行检索,在处理交通事故、开展交通事故保险赔偿、破获车辆盗窃案件等方面发挥重要作用。

汽车的编号分为汽车产品编号和车辆识别代码两种形式。前者主要用来标明汽车的厂牌、类型和主要特征参数等;后者则按照国际标准化组织制定的统一规则,在世界范围内对车辆编制唯一识别身份的代码。

一、国产汽车编号规则

我国汽车产品编号由企业名称代号、车辆类别代号、主参数序号、产品序号和企业自定代号五部分组成,用汉语拼音字母和阿拉伯数字表示,如图2-27所示。

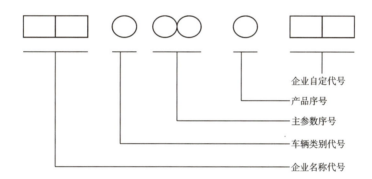

图2-27 中国汽车产品编号

1 企业名称代号

企业名称代号用2~3位字母表示,是制造该车型的企业名称。如:"CA"表示一汽;"EQ"表示东风汽车;"NJ"表示南京汽车;"TJ"表示天津汽车;"SVW"表示上海大众;"HG"表示广汽本田;"CAF"表示长安福特;"SGM"表示上汽通用等。

2 车辆类别代号

车辆类别代号采用1位阿拉伯数字表示,各数字所代表的汽车类型见表2-3。

车辆类别代号　　　　　　表2-3

车型	载货汽车	越野汽车	自卸汽车	牵引汽车	专用汽车	客车	轿车	半挂车
代号	1	2	3	4	5	6	7	9

3 主参数代号

主参数代号设有2位,用以表示汽车最重要特性的数据,不同类型的汽车主参数代号有不同的含义。对于载货汽车、越野汽车、自卸汽车、牵引汽车、专用汽车及半挂车来说,主参数代号为车辆的总质量,单位为吨(t),只取整数部分。当总质量在100t以上时,允许用3位数字表示。

客车的主参数代号为其总长度(单位:m),应精确到小数点后一位,并以其值的10倍数值表示。如大客车总长度为8.46m,其主参数代号为84。

轿车的主参数代号为其发动机的排量(单位:L),应精确到小数点后一位,并以其值的10倍数值表示。如发动机排量为1.36L,其主参数代号为13。

4 产品序号

产品序号是生产厂家用来区别本厂生产的同类型、同参数但不同产品系列或经过改进后的产品,用1位数字表示。一般用0表示第一代,经过一次较大改进后,用1表示第二代,其余类推。

5 企业自定代号

企业自定代号由企业决定,既可以用字母,也可以用数字表示,表示的内容也比较灵活,都是该产品最突出的特征,如发动机代号、驾驶室代号、轴距代号等。代号的具体含义由企业定义。

6 汽车产品编号举例

BJ2020S:BJ代表北京汽车制造厂,2代表越野车,02代表该车总质量为2t,0代表该车为第一代产品,S为企业自定义。

TJ7131U:TJ代表天津汽车制造厂,7代表轿车,13代表发动机排量为1.3L,1代表该车为第二代产品,U为企业自定义。

CA1091:CA代表中国第一汽车制造厂,1代表载货汽车,09代表该车总质量为9t,1代表该车为第二代产品。

二、车辆识别代码(VIN)

车辆识别代码简称VIN(Vehicle Identification Number),由一组17位字母和阿拉伯数字组成,也称17位码,是国际上通行的标识机动车辆的代码,用以识别车辆身份,就如同人的身份证一样,具有在世界范围内对一辆车的唯一识别性。车辆识别代码在世界范围内可以确保30年无重号。VIN是识别车辆的必备条件,按照识别代码的编码顺序,从车辆的识别码当中可以读出该车的生产国家、制造装配公司、车辆类型、品牌名称、车型系列、发动机型号、车型年款、安全防护装置型号、检验数字、装配出厂和出厂顺序号码等。

车辆识别代码由三个部分组成:第一部分是世界制造厂识别代号(WMI);第二部分是车辆说明部分(VDS);第三部分是车辆指示部分(VIS)。它的组成如图2-28所示。

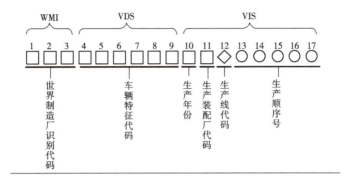

图2-28 车辆识别代码的组成图解
□-大写英文字母或数字;○-阿拉伯数字;◇-大写英文字母

1 VIN 的含义

1)世界制造厂识别代码(WMI)

世界制造厂识别代码用来标示车辆制造厂,以 VIN 的前三位来表示。

第1位是表示地理区域的数字或字母,如世界各大洲。

第2位是表示一个特定地区内的一个国家的字母或数字。国际代理机构根据需要为某一国家分配字码。

WMI 通过第1位和第2位字码的组合来保证国家识别标志的唯一性。如美国为 10 ~ 19、1A ~ 1Z,中国为 L0 ~ L9、LA ~ LZ。

第3位是表示某个特定的制造厂的唯一字母或数字,由各国的授权机构负责分配。如果某制造厂的年产量少于500辆,其识别代码的第3位字码为9。

国内外常见汽车制造厂家的 WMI:

LSV——上海大众;LFV——一汽大众;LDC——神龙富康;LEN——北京吉普;LHC——广汽本田;LHB——北汽福田;LSS——长安汽车;LSG——上汽通用;WDB——德国奔驰;WBA——德国宝马;KMH——韩国现代。

2)车辆特征代码(VDS)

说明车辆的一般特性,由 VIN 的第 4 ~ 9 位共六位字码组成。如果制造厂不用其中的一位或几位字码,应在该位置填入选定的字母或数字占位。此部分应能识别车辆的一般特征,其代号顺序由制造厂决定。

第 4 ~ 8 位表示车辆特征:

轿车:包含种类、系列、车身类型、发动机类型及约束系数类型信息;

MPV:包含种类、系列、车身类型、发动机类型及车辆额定总量信息;

载货汽车:包含型号或种类、系列、底盘、驾驶室类型、发动机类型、制动系统及车辆额定总质量信息；

客车：包含型号或种类、系列、车身类型、发动机类型及制动系统信息。

第9位是校验位，通过一定的算法防止输入错误。

3) 车辆指示码(VIS)

制造厂为了区别不同车辆而设定的一组字符，车辆指示部分由 VIN 的后八位字符组成，其最后四位字符应是数字。

(1) 第10位表示车型年份，即厂家规定的型年，不一定是实际生产的年份，但一般与实际生产的年份之差不超过1年。年份代码按表2-4规定使用。

标示年份的代码　　　　　　　　　　　　　表2-4

年份	代码	年份	代码	年份	代码
2001	1	2011	B	2021	M
2002	2	2012	C	2022	N
2003	3	2013	D	2023	P
2004	4	2014	E	2024	R
2005	5	2015	F	2025	S
2006	6	2016	G	2026	T
2007	7	2017	H	2027	V
2008	8	2018	J	2028	W
2009	9	2019	K	2029	X
2010	A	2020	L	2030	Y

(2) 第11位用以指示装配厂，若无装配厂，制造厂可规定其他的内容。

(3) 第12～17位表示生产顺序号。一般情况下，汽车召回都是针对某一顺序号范围内的车辆，即某一批次的车辆。

❷ VIN 的常见位置

VIN 应尽量位于车辆的前半部分、容易看到且能防止磨损或替换的部位，不过各个国家之间并无统一规定，如美国 VIN 标志牌放在前风窗玻璃右下角仪表台上，欧盟国家和日本则放在车内暗处。VIN 的安置位置一般有如下一些原则：

(1) 除挂车和摩托车外，VIN 应标示在标牌上，标牌应固定在门铰链柱、门锁柱或与门锁柱接合的门边的柱子上，接近于驾驶人座位的地方；如果没有这样的地方可利用，则固定在仪表的左侧，或固定在车门内侧靠近驾驶人座位的地方。

(2) 标牌的位置应是除了外侧车门外，不移动车辆任何零件就可方便读出的地方，如图2-29所示。

(3) 我国规定9人以下的乘用车和最大总质量不大于3.5t的货车，其 VIN 应位于仪表板上靠近前风窗立柱的位置，以便观察和检查。

三、我国机动车号牌编号规则

《中华人民共和国机动车号牌》（GA36-2018）规定，机动车号牌是指在法定机关登记的准予机动车在中华人民共和国境内道路上行驶的法定标志。号牌一般在机动车辆的特定位置悬挂，其号码是机动车登记编号。机动车登记编号包含：用汉字表示的省、自治区、直辖市简称、用英文字母表示的发牌机关代号、由阿拉伯数字和英文字母组成的序号以及用汉字表示的专用号牌简称。

图2-29　汽车VIN标牌

我国主要有21种机动车号牌，见表2-5。

机动车号牌的分类　　　　　　　　　　表2-5

序号	分类	外廓尺寸(mm)	颜色	数量	适用范围
1	大型汽车号牌	前：440×140 后：440×220	黄底黑字，黑框线	2	符合GA 802规定的中型（含）以上载客、载货汽车和专项作业车（适用大型新能源汽车号牌的除外）；有轨电车
2	挂车号牌	440×220		1	符合GA 802规定的挂车
3	大型新能源汽车号牌	480×140	黄绿底黑字，黑框线		符合GA 802规定的中型（含）以上的新能源汽车
4	小型汽车号牌	440×140	蓝底白字，白框线		符合GA 802规定的中型以下的载客、载货汽车和专项作业车（适用小型新能源汽车号牌的除外）
5	小型新能源汽车号牌	480×140	渐变绿底黑字，黑框线	2	符合GA 802规定的中型以下的新能源汽车
6	使馆汽车号牌	440×140	黑底白字，白框线		符合外发[2017]10号通知规定的汽车
7	领馆汽车号牌				驻华领事馆的汽车
8	港澳入出境车号牌	440×140	黑底白字，白框线		港澳地区入出内地的汽车
9	教练汽车号牌		黄底黑字，黑框线		教练用汽车
10	警用汽车号牌		白底黑字，红"警"字，黑框线		汽车类警车

续上表

序号	分类	外廓尺寸(mm)	颜色	数量	适用范围
11	普通摩托车号牌	220×140	黄底黑字,黑框线	1	符合 GA 802 规定的两轮普通摩托车、边三轮摩托车和正三轮摩托车
12	轻便摩托车号牌		蓝底白字,白框线		符合 GA 802 规定的两轮轻便摩托车和正三轮轻便摩托车
13	使馆摩托车号牌		黑底白字,白框线		符合外发[2017]10 号通知规定的摩托车
14	领馆摩托车号牌		黑底白字,白框线		驻华领事馆的摩托车
15	教练摩托车号牌		黄底黑字,黑框线		教练用摩托车
16	警用摩托车号牌		白底黑字,红"警"字,黑框线		摩托车类警车
17	低速车号牌	300×165	黄底黑字,黑框线	2	符合 GA 802 规定的低速载货汽车、三轮汽车和轮式专用机械车
18	临时行驶车号牌	220×140	天(酞)蓝底纹,黑字黑框线	2	行政辖区内临时行驶的载客汽车
				1	行政辖区内临时行驶的其他机动车
			棕黄底纹,黑字黑框线	2	跨行政辖区临时行驶的载客汽车
				1	跨行政辖区临时行驶的其他机动车
			棕黄底纹,黑"试"字,黑字黑框线	2	试验用载客汽车
				1	试验用其他机动车
			棕黄底纹,黑"超"字,黑字黑框线	1	特型机动车,质量参数和/或尺寸参数超出 GB 1589 规定的汽车、挂车
19	临时入境汽车号牌		白底棕蓝色专用底纹,黑字黑边框	1	临时入境汽车
20	临时入境摩托车号牌	88×60		1	临时入境摩托车
21	拖拉机号牌	按 NY 345.1 执行			上道路行驶的拖拉机

车牌第一位是汉字:代表该车户口所在的省级行政区,为各省、自治区、直辖市的简称,比如:北京就是京,上海就是沪,湖南就是湘,重庆就是渝,山东就是鲁,江西就是赣,福建就

是闽。

车牌第二位是英文字母:代表该车户口所在的地级行政区,为各地级市、地区、自治州、盟字母代码,按省级车管所以各地级行政区状况分划排名,字母"A"为省会、首府或直辖市中心城区的代码,其后字母排名不分先后。另在编排地级行政区英文字母代码时,跳过I和O,O往往被用作警车或机关单位车辆。

车牌序号编码规则有三种,分别是:①序号的每一位都使用阿拉伯数字;②序号的每一位可单独使用英文字母,26个英文字母中O和I不能使用;③序号中允许出现2位英文字母,26个英文字母中O和I不能使用。

大型汽车号牌效果图见图2-30,小型汽车号牌效果图见图2-31。

图2-30　大型汽车号牌前后效果图

图2-31　小型汽车号牌效果图

大型新能源汽车号牌效果见图2-32,小型新能源汽车号牌效果见图2-33。

图2-32　大型新能源汽车号牌效果图　　图2-33　小型新能源汽车号牌效果图

中国新能源汽车车牌的编号规则主要包括以下几个方面:

①新能源汽车的车牌颜色为浅绿色,与普通汽车的蓝色车牌有所区别。

②新能源汽车车牌的编码规则为省份简称(1位汉字)+地方行政区代号(1位字母)+序号(6位)。其中,序号的第一位必须是字母D或F,D代表纯电动汽车,F代表非纯电动汽车(混合动力汽车)。序号的第二位可以是字母或数字,后四位必须是数字。

③新能源车牌取消了圆点的设计,加入了一个新能源车牌专属标识。其左侧代表英文字母E的含义,而右侧则是一个电插头标识。

④纯绿底色车牌代表小型乘用新能源车。黄色+绿色底色车牌代表大型新能源车。

实训模块

1.请同学们分组进入汽车实训室,按小组记录不同类别车辆的车辆编号和车辆识别代码信息,由组长代表小组在全班介绍该车辆信息的具体含义。

2. 请同学们分组进入汽车实训室,按小组记录汽车发动机、汽车底盘、汽车电气设备和车身的各部件名称及安装位置,并拍照标记出来。

思考与练习

一、填空题

1. 机动车按使用性质分为_____、_____和_____机动车。
2. 新能源汽车主要类型包括_____汽车,_____汽车和_____汽车。
3. 一般把_____、_____、_____系统成为电动汽车的"三电"系统。
4. 目前电动汽车动力蓄电池主要有_____电池、_____电池、_____电池等类型。
5. 混合动力电动汽车按动力耦合方式的不同可以分为_____、_____和混联式。
6. 混合动力电动汽车按是否充电分为_____和_____混合动力电动汽车。
7. 传统内燃机汽车主要由_____,_____,_____,_____四大部分组成。
8. 汽车电气设备包括_____、_____、仪表及报警系统、通信及网络控制系统、舒适及辅助控制系统。

二、判断题

1. 柴油发动机属于内燃机。( )
2. 因为发动机前置前轮驱动车辆没有传动轴,所以乘员室设计平整,宽敞、舒适。( )
3. 载货汽车属于乘用车。( )
4. 汽车底盘包括传动系统、车身系统、转向系统、制动系统。( )
5. 国际上按汽车的用途将汽车分为乘用车和商用车两大类。( )
6. 纯电动汽车的驱动电机目前主要以交流同步电机和交流异步电机为主。( )
7. 混合动力电动汽车采用电机和内燃机两种动力源驱动车辆。( )
8. 天然气汽车、液化石油气汽车、甲醇汽车等,都属于新能源汽车。( )
9. 汽车采用交流电源供电。( )
10. 黄色+绿色底色车牌代表小型新能源车。( )

三、问答题

1. 汽车底盘有何作用?
2. 请解释机动车的定义。
3. 线控底盘有何优点?
4. 请解释我国新能源汽车的定义。
5. 混合动力电动汽车有何优点?
6. 我国机动车登记编号包含哪些内容?

第三章

汽车品牌

知识目标
1. 掌握国内外著名汽车品牌标志；
2. 了解国内外著名汽车品牌文化。

能力目标
能够识别国内外著名汽车品牌及主要车型。

素养目标
1. 树立文化自信和工业自信；
2. 具备爱国主义情怀。

建议学时
12学时。

党的二十大报告指出，加强国际传播能力建设，全面提升国际传播效能，形成同我国综合国力和国际地位相匹配的国际话语权。深化文明交流互鉴，推动中华文化更好走向世界。2023年中国成为世界第一大汽车出口国，向世界展示了中国制造的综合实力。汽车是中华文化对外传播和交流的重要载体，国产汽车品牌走向世界，是向世界讲好中国故事的重要体现。

第一节　国外著名汽车品牌

一、欧洲著名汽车品牌

1　大众集团

德国大众汽车集团是由世界著名的汽车设计大师费迪南德·保时捷于1938年创建,总部位于德国的沃尔夫斯堡(图3-1)。大众汽车从诞生之初就秉承"车之道,为大众"的理念,致力于为普通大众生产物美价廉的汽车。大众汽车推出的第一款汽车就是大受欢迎的甲壳虫汽车。凭借销量超过2000万辆的甲壳虫、3000万辆的高尔夫(图3-2)、2000万辆的帕萨特等热销车型,大众汽车已经成为世界最大的汽车厂家之一。

图3-1　德国大众汽车集团沃尔夫斯堡总部

图3-2　大众第9代高尔夫(电动车型)

大众汽车产品以最具前沿的科技成果、独具匠心的设计、精良的制造工艺赢得全球用户的认可。其轿车产品除了甲壳虫、高尔夫、帕萨特、速腾、蔚揽、辉腾、途锐等传统车型外,还包括ID.3、ID.4(图3-3)、ID.6、ID.7(图3-4)等电动车。

图3-3　大众ID.4纯电车型

图3-4　大众ID.7纯电车型

大众集团目前拥有10大著名汽车品牌(图3-5):大众(德国)、奥迪(德国)、兰博基尼

(意大利)、宾利(英国)、布加迪(法国)、西雅特(西班牙)、斯柯达(捷克)、MAN(德国)、保时捷(德国)、斯堪尼亚(瑞典)。

图 3-5　大众集团旗下品牌

大众汽车集团是中国汽车工业最早、最成功的国际合作伙伴之一。大众汽车集团秉持"在中国,为中国"战略,集团在中国拥有超过4000万用户,约9万名员工,各品牌合计超过3000家经销商。大众汽车集团(中国)目前在上海、长春、大连、南京、仪征、成都、佛山、宁波、长沙、乌鲁木齐、天津和合肥等地建有40座工厂,其中,位于安亭、佛山及合肥的MEB工厂专注于纯电动车型的生产。凭借在中国市场的坚实基础和深入布局,大众汽车赢得了中国消费者的广泛认可与充分信任。

1)奥迪汽车

奥迪汽车(图3-6)是德国历史最悠久的汽车制造商之一,总部设在德国的英戈尔施塔特。公司创始人奥古斯特·霍希在萨克森州米特韦达的一所技术学院完成学业后,进入奔驰汽车公司工作。1899年,奥古斯特·霍希在科隆创建了他的第一家汽车公司——霍希汽车合资公司。1909年,他在茨维考创立了全新的汽车公司,并在1910年将其命名为"Audiwerke",奥迪品牌由此诞生。

1932年奥迪(Audiwerke)与小奇迹(DKW)、霍希(Horch)和漫游者(Wanderer)合并成立汽车联盟公司,并使用四个圆环标志,象征着四家公司同心携手。1956年奥迪并入大众汽车集团。奥迪以"突破科技,启迪未来"为口号,把未来视为机遇,以科技为引擎,以"塑造高端移动出行的未来"为目标,为用户提供高性能产品。目前奥迪主要车型有A3、A4、A5、A6、A7、A8、Q3、Q5、Q7、Q8、TT、R8、S、RS系列燃油车和电动汽车e-tron系列(图3-7)等。

奥迪在中国建立了一汽奥迪和上汽奥迪两家合资企业。

图 3-6　德国奥迪汽车博物馆

图 3-7　奥迪 e-tron 电动汽车

2）宾利汽车

宾利汽车公司由华特·欧文·宾利于 1919 年创立，是英国的豪华汽车品牌，总部位于英国克鲁。宾利的目标是打造"一台快的车，好的车，同级别中最出类拔萃的车"（图 3-8）。1931 年宾利被劳斯莱斯汽车公司收购，1998 年并入大众汽车集团。

宾利在赛车领域的成功，尤其是在勒芒 24 小时耐力赛上的成功，为宾利赢得了高性能赛车的美誉（图 3-9）。

图 3-8　1921 年宾利生产的第一辆汽车

图 3-9　宾利 2003 年勒芒夺冠车型

如今，宾利正在开辟一条高性能与可持续发展和谐共存的未来之路，开创豪华电动汽车和混合动力汽车的新典范。2020 年，宾利发布了"Beyond100"商业战略，宾利开始向电动汽车转型，勾勒出宾利致力于引领符合可持续发展理念的超豪华出行方式的宏伟蓝图。宾利汽车从 2023 年开始为其所有车型提供混合动力车型，到 2030 年将成为一个完全电动化的汽车品牌。

目前宾利的主要车型有：欧陆系列、添越系列、飞驰系列（图 3-10）。

图 3-10　宾利飞驰 MULLINER 版

3）保时捷汽车

保时捷汽车总部位于德国斯图加特市，由费迪南德·保时捷创办。保时捷汽车以卓越的性能、独特的设计和深厚的品牌文化，成为豪华与性能完美结合的汽车品牌。

费迪南德·保时捷在汽车界留下了深远的影响，他设计的甲壳虫汽车曾风靡世界。他于 1875 年出生于捷克北部一个工匠家庭，15 岁时进入莱亨贝尔格的工业学校夜校部学习，毕业后边工作边在维也纳工科大学旁听学习。保时捷在 1898 年开发出了"Lohner-Porsche"电动汽车。后来经过改进，研发成功了世界上第一辆混合动力汽车。当时他才 25 岁，受聘于 Lohner 车厂，担任设计师。

1931 年，费迪南德离开戴姆勒—奔驰汽车后在斯图加特成立保时捷汽车设计公司。在第二次世界大战中，保时捷为希特勒设计了威震欧洲战场的虎式坦克。1945 年，保时捷和儿子因在战时为希特勒服务被拘押在法国。保时捷汽车于 2012 年被大众汽车收购,而保时捷家族与皮耶(保时捷女婿)家族拥有的保时捷控股公司则继续拥有大众集团过半数股权,实际上控制了大众集团和其旗下的保时捷汽车。

保时捷汽车主要车型有:718 系列、911 系列(图 3-11)、Boxster 系列、Cayman 系列、Taycan 系列(图 3-12)、Panamera 系列、Cayenne 系列、Macan 系列。其中,911 是保时捷最具经典、传奇的车型,诞生于 1963 年,独特的风格与极佳的耐用性,至今经历了七代车型。

图 3-11　保时捷经典 911 系列

图 3-12　保时捷首款电动跑车 Taycan

4)斯柯达汽车

斯柯达(SKODA)是一家总部位于捷克姆拉达—博莱斯拉夫市的汽车公司,也是世界上历史最悠久的四家汽车生产商之一。其品牌形象是飞向世界、创造无限、深厚底蕴、朝气蓬勃(图 3-13)。1991 年,斯柯达成为大众汽车集团旗下的品牌。目前,斯柯达的主要车型有:昊锐(图 3-14)、晶锐、明锐等。

图 3-13　斯柯达标志

图 3-14　斯柯达昊锐汽车

5)兰博基尼汽车

兰博基尼(图 3-15)是一个产地位于意大利圣亚加塔·波隆尼的超级跑车品牌,主要竞争对手是法拉利。早期,因公司运营不善,经营权数度易手,1998 年,成为奥迪汽车公司旗下的品牌。目前,为大众汽车集团间接持有的品牌之一,主要车型有:Gallardo、Murcielago、Reventon。Gallardo 系列车型是兰博基尼历史上最为成功的产品(图 3-16)。

图 3-15　兰博基尼标志

图 3-16　兰博基尼 LP550-2 Valentino Balboni 跑车

6）布加迪汽车

布加迪（图3-17）是最具有特色的超级跑车制造厂之一，布加迪以生产世界上最好的及最快的跑车闻名于世（图3-18）。1909年意大利人埃多尔·布加迪在德国创建布加迪公司，专门生产运动跑车和高级豪华轿车。1919～1956年公司在法国境内，1991年重新建厂后在意大利境内。大众汽车集团于1998年买下布加迪品牌，布加迪并入大众汽车集团。布加迪的主要车型有威龙、威航等。

图3-17 布加迪标志

图3-18 布加迪威龙跑车

❷ 梅赛德斯—奔驰集团

梅赛德斯—奔驰集团的前身为戴姆勒—奔驰汽车公司，作为世界上资格最老的汽车厂家，以生产高质量、高性能的豪华汽车闻名于世。它的创始人是被世人誉为"汽车之父"的卡尔·本茨和戈特利布·戴姆勒。戴姆勒—奔驰公司成立于1926年，由卡尔·本茨在德国曼海姆建立的世界上首家汽车厂——奔驰莱茵燃气发动机厂和哥特里布·戴姆勒在德国斯图加特建立的戴姆勒发动机公司合并而来，总部位于德国斯图加特（图3-19）。

图3-19 奔驰斯图加特工厂

1998年，戴姆勒—奔驰与美国汽车制造商克莱斯勒合并，成为全球第二大汽车生产商。然而，由于克莱斯勒经营困难，戴姆勒—奔驰在2007年将其出售。

2018年2月浙江吉利控股集团董事长李书福通过一家投资基金以每股约87美元的价格，总共花费约90亿美元收购戴姆勒公司9.69%具有表决权的股份。此次收购完成后，吉利集团成为戴姆勒最大的股东。这也是中国公司在西方汽车工业中最大手笔的投资。

2021年12月，北京汽车集团有限公司发布公告，已将原持有戴姆勒的5%股权增持至9.98%，北京汽车集团有限公司取代吉利集团成为戴姆勒第一大股东。

2022年2月，戴姆勒—奔驰正式更名为梅赛德斯—奔驰集团。

梅赛德斯—奔驰集团的产品包括梅赛德斯—奔驰、梅赛德斯—AMG、迈巴赫、梅赛德斯—EQ、SMART等汽车。这些产品以其优质的设计和卓越的性能,赢得了全球消费者的广泛认可。

1)梅赛德斯—奔驰汽车

梅赛德斯—奔驰以高质量、高性能闻名,被称为世界豪华车第一品牌(图3-20)。梅赛德斯—奔驰秉承"The best or nothing"的核心理念,打造追求完美的汽车品牌。奔驰汽车的车型丰富多样,包括轿车、SUV、轿跑车、敞篷跑车、MPV、纯电EQ车型以及插电式混合动力车型。奔驰轿车系列以A级、B级、C级、E级、S级为主要车型。其中C级、E级、S级轿车分别为紧凑型轿车、行政级轿车及高级豪华轿车。

图3-20　奔驰S级轿车

2021年梅赛德斯—奔驰开启电动化战略,从"电动为先"向"全面电动"转型,计划2030年实现全面电动化、只销售纯电动车型(图3-21)。

图3-21　奔驰EQ系列电动车

2)迈巴赫汽车

迈巴赫品牌由被誉为"设计之王"的威廉·迈巴赫创立于20世纪20年代,是一个象征着完美和昂贵的轿车品牌(图3-22)。作为具有传奇色彩的汽车品牌,迈巴赫的标志由两个交叉的M围绕在一个球面三角形里组成,双M意味着"迈巴赫制造"。

2002年,迈巴赫在梅赛德斯—奔驰集团的强力支持下复出,作为一个超豪华车的传奇品牌重现于市场。迈巴赫的主要车型为梅赛德斯—迈巴赫S级轿车(图3-23)。

3)Smart汽车

Smart汽车是梅赛德斯—奔驰和世界手表业巨头斯沃琪公司的创意合作产物,字母S代表斯沃琪公司,m代表梅赛德斯公司,而"art"是艺术之意,代表双方艺术的结晶。

图 3-22　迈巴赫标志

图 3-23　梅赛德斯—迈巴赫 S 级轿车

2019 年,吉利汽车集团成为奔驰的大股东之后收购了 Smart 汽车 50% 的股权。双方于 2020 年组建了合资公司智马达汽车有限公司,双方各持股 50%,总部设在中国,在全球范围内联合运营和推动 Smart 品牌转型升级,致力于将 Smart 打造成为全球领先的新奢纯电汽车科技品牌。奔驰主要负责 Smart 的造型设计,而在工程研究方面,由吉利进行主导,新推出的 Smart 电动车(图 3-24)采用吉利的 SEA 浩瀚架构。也是吉利汽车集团在新能源领域的研发与技术赋能的一部分。

图 3-24　Smart 汽车

❸ 宝马集团

宝马集团是全世界最成功的汽车和摩托车制造商之一,拥有 BMW、MINI、Rolls-Royce 和 BMW Motorrad(摩托车)四大品牌,宝马集团在全球拥有 31 个生产和装配工厂,业务遍及 140 多个国家。宝马公司全称为巴伐利亚发动机制造厂股份有限公司(Bayerisch Bayerische Motoren Werke AG),简称 BMW,总部设在德国慕尼黑(图 3-25)。

宝马的创始人之一吉斯坦·奥托(图 3-26),他的父亲就是大名鼎鼎的尼古拉斯·奥托——四冲程内燃发动机的发明者。受其父亲的影响,奥古斯特·奥托自小热爱研究发动机,尤其热衷飞机发动机。另一位创始人是卡尔·斐德利希·拉普。BMW 是在吉斯坦·奥托 1916 年创立的巴伐利亚飞机制造厂(Bayerische Flugzeugwerke, BFW)基础上经过与其他公司的重组合并成立的。BMW 成立之初刚好面临第一次世界大战,因此 BMW 为德国军方研发了第一款飞机用直列六缸的水冷发动机。

图 3-25　宝马汽车慕尼黑总部

图 3-26　BMW 的创始人吉斯坦·奥托

宝马开始自行设计生产的第一辆车是 1932 年的"320AM-1",接着 1933 年推出宝马 303(图 3-27),让 BMW 在欧洲车坛崭露头角。

图 3-27　1932 年的 320AM-1 和 1933 年的 303

而真正让宝马奠定市场地位的是 1936 年诞生的王炸产品——328 型双门跑车(图 3-28)。

经过 100 多年的发展,宝马以卓越的操控性能、优良的制造工艺、先进的控制技术闻名,成为高性能轿车的典范。宝马旗下主要产品包括 BMW1~8 等 8 大轿车产品系列,BMW-X SUV 系列,BMW-i 新能源系列(图3-29),此外还有高性能跑车 Z 系列。

面对新时代的挑战,宝马集团正在将其车型系列电动化,以实现减少碳排放的目标。

图 3-28　BMW 328 型双门跑车

图 3-29　宝马新能源汽车 BMW-i 系列

1) MINI 汽车

MINI 是宝马汽车公司的一个独立品牌(图 3-30)。诞生于 1959 年的 MINI，设计风格别树一帜，1961 年赛车工程师 John Cooper 将赛车血统注入汽车设计中，使实用别致的小车摇身变成赛车场上的传奇，自此成为英国车坛之宝(图 3-31)。

图 3-30　MINI 标志

图 3-31　MINI Cooper 汽车

2) 劳斯莱斯汽车

劳斯莱斯汽车是英国工业的掌上明珠。当英国科学博物馆在回顾英国发展史时，对劳斯莱斯公司给予这样的评价："The Rolls-Royce Saved Britain。"这句饱含赞誉的评价至今仍写在英国科学博物馆航空馆，劳斯莱斯在英国的地位可见一斑。

劳斯莱斯汽车由查尔斯·劳斯和亨利·莱斯创立于 1904 年。查尔斯·劳斯出生于英国贵族世家，1898 年毕业于剑桥大学三一学院机械设计与制造专业。亨利·莱斯出生在英国剑桥郡的机械之家，他的爷爷是蒸汽动力装置的先驱。

劳斯莱斯在创立之初就致力于打造"世界上最好的汽车"，秉承创始人亨利·莱斯提出的"做每件事情都力臻完美"的理念，让劳斯莱斯成为享誉全球的汽车品牌。劳斯莱斯的总部和生产中心位于英格兰西萨塞克斯的古德伍德，每一辆劳斯莱斯汽车均由古德伍德工厂的工匠手工打造。劳斯莱斯在 1907 年推出首款车型银魂(图 3-32)便大获成功，为品牌的传奇历程奠定了基础，接着陆续推出银魅等车型(图 3-33)。

图 3-32　1907 年首款车型银魂

图 3-33　1926 年款劳斯莱斯银魅

由于劳斯莱斯汽车得到英国社会、政府及皇室的高度认可，劳斯莱斯汽车公司在第一次世界大战、第二次世界大战期间向英国政府提供战车、坦克、飞机等军用装备，为英国国防做出了重大贡献，逐渐发展为集航空、航天、核工业、汽车、国防军工等多元化的集团。1998 年劳斯莱斯汽车业务从集团剥离出来。2003 年劳斯莱斯汽车被宝马集团收购。

在宝马的推动下，劳斯莱斯很早便开启了电动化和智能化进程。2010 年，推出劳斯莱斯

102EX 电动车型（图 3-34）。2016 年推出了无人驾驶概念车 103EX（图 3-35）。

图 3-34　劳斯莱斯 102EX 电动车

图 3-35　劳斯莱斯幻影 103EX 无人驾驶概念车

4 斯蒂兰蒂斯集团

斯蒂兰蒂斯集团是 2021 年 1 月由菲亚特—克莱斯勒集团（FCA）与标志—雪铁龙集团（PSA）共同成立，总部位于荷兰阿姆斯特丹的跨国汽车集团。集团名"STELLANTIS"由拉丁词汇"stello"演变而来，其意为"用繁星照亮"。这是迄今为止全球汽车界规模最大的一次合并。全新斯蒂兰蒂斯汽车集团让两家集团旗下众多历史悠久的汽车品牌以及双方强大的企业文化合而为一，旨在共同打造一家出行时代的全新领军企业，同时，合并双方以及各自旗下品牌的独特价值也将得到保留和延续。

全新的斯蒂兰蒂斯集团拥有超过 15 个汽车品牌，包括阿巴斯、阿尔法·罗密欧、克莱斯勒、雪铁龙、道奇、DS、菲亚特、菲亚特商用车、吉普、蓝旗亚、玛莎拉蒂、欧宝、标致、RAM、沃克斯豪尔，覆盖超豪华、豪华、主流乘用车乃至重型皮卡、SUV 和轻型商务车等细分市场。此外，还有专门的移动出行、金融、零部件及服务品牌。

为了迎接电动化和智能化的挑战，斯蒂兰蒂斯集团 2022 年 11 月收购人工智能和自动驾驶软件开发商 aiMotive。2023 年斯蒂兰蒂斯集团投资约 15 亿欧元以获取零跑汽车约 20% 的股权，同时与美国飞行汽车企业 Archer Aviation Inc. 达成合作协议，将生产飞行出租车。

1）标志—雪铁龙汽车集团（PSA）

标志—雪铁龙汽车集团（PSA）成立于 1976 年，由标致和雪铁龙合并而成。集团的起源可追溯到 1896 年阿尔芒·标致创建的标致汽车公司。1976 年 4 月，由于受到第一次石油危机的沉重打击，雪铁龙汽车宣布破产，标致汽车从雪铁龙汽车大股东米其林手上获得雪铁龙 90% 的股份，成立 PSA 集团。至此，标致家族拥有标致雪铁龙汽车 100% 的股份。1979 年 PSA 集团再次出手收购美国克莱斯勒欧洲的股份和其在国外的商务公司，PSA 集团因此成为当时欧洲最大的汽车生产厂商。2014 年 2 月，中国东风集团与法国政府共同出资拯救出现危机的 PSA 集团，双方各自向 PSA 投资 8 亿欧元，各获得 PSA 14% 的股份，而原来的最大股东标致家族也将持股额降低至 14%，自此形成了标致家族、法国政府、中国东风集团三大股东共同持股 PSA 的局面。

PSA 集团目前拥有标致、雪铁龙、DS、欧宝、沃克斯豪尔五大汽车品牌。

（1）标志汽车。

标致汽车始于 1810 年，从做五金工具的磨坊开始起家，从自行车和摩托车制造开始进入汽车行业,1889 年生产出第一辆以标致命名的汽车,自此开启了一段跨越三个世纪的汽车传奇故事。标致汽车一直以设计新颖、技术创新闻名。无论是 1895 年全球第一辆使用充气轮胎的 Type6,还是 1931 年全球第一辆使用独立悬挂的 201(图 3-36),再到 2011 年开创性的全球第一辆柴电混合动力汽车 3008 Hybrid 4,标致始终扮演着先驱者的角色。标致汽车在赛道上更是常胜将军,多次包揽勒芒 24 小时耐力赛冠亚季军,创造过 8 次征战达喀尔拉力赛 7 次夺冠的壮举。

面对电动化变革,标致积极布局,目前在欧洲的产品中有 50% 已实现电气化,到 2025 年标致将实现全系电气化。标致汽车主要车型有 408、4008、5008、2008 等。

标致在中国的合资企业最早从 1992 年广州标致开始,到如今的东风标致,一路磕磕绊绊,艰难前行。

(2)雪铁龙汽车。

雪铁龙由安德烈·雪铁龙于 1919 年创建。雪铁龙以其超前的技术而闻名于世,曾经辉煌一时,但由于经营不善,1976 年被标致家族收购。

雪铁龙在中国的合资企业为东风雪铁龙,拥有多款轿车和 SUV 车型,如新 C4L、新 C3-XR、天逸(图 3-37)、C5 AIRCROSS 等。

图 3-36　全球第一辆使用独立悬架的标致 201　　图 3-37　雪铁龙 2023 款天逸车型

2)菲亚特—克莱斯勒集团(FCA)

菲亚特—克莱斯勒集团(FCA)是 2014 年 1 月意大利菲亚特集团完成对美国克莱斯勒集团的全面收购后成立的跨国集团(图 3-38)。菲亚特汽车公司,始建于 1899 年 7 月意大利都灵市,创始人是退伍军官乔瓦尼·阿涅利。菲亚特是世界上第一个微型汽车生产厂家,经过 100 多年的发展,成为世界知名的十大汽车制造商之一,其业务涉及汽车、农用机械和建筑机械、航空、交通运输、金融等领域。凭借菲亚特的成功,阿涅利家族成为意大利和欧洲著名的投资集团,意大利尤文图斯俱乐部就是阿涅利家族控股俱乐部。1999 年,菲亚特与南京汽车合资成立南京菲亚特,进军中国市场,2007 年 12 月以失败告终。2010 年 3 月年菲亚特卷土重来,与广汽集团联姻,共同组建广汽菲亚特,落户长沙,2022 年 10 月宣布破产,菲亚特退出中国。

菲亚特—克莱斯勒集团其下品牌主要有菲亚特、法拉利、玛莎拉蒂、阿尔法·罗密欧、蓝旗亚、克莱勒斯等。

(1)法拉利汽车。

法拉利(Ferrar,图 3-39)是一家意大利汽车生产商,1929 年由恩佐·法拉利创办,主要制造一级方程式赛车、赛车及高性能跑车(图3-40),法拉利生产的汽车大部分采用手工制造。总部位于意大利摩德纳附近的马拉内罗。现在菲亚特公司拥有法拉利50%股权,但法拉利却能独立于菲亚特公司运营。另有法拉利车队以及手表、香水等周边产品。法拉利公司的主要车型有:F335、F50、GTC4Lusso、Portofino等。

图3-38　菲亚特—克莱斯勒集团旗下品牌

图3-39　法拉利标志　　图3-40　法拉利F430跑车

(2)阿尔法·罗密欧汽车。

阿尔法·罗密欧(Alfa Romeo,图3-41)是意大利著名的轿车和跑车制造商,创建于1910年,总部设在米兰。公司原名ALFA(Anonima Lombarda Fabbrica Automobili,伦巴第汽车制造厂),1916年,出身那不勒斯的实业家尼古拉·罗密欧(Nicola Romeo)入主该车厂,并将自己的家族姓氏融入车厂名称中,从而成为今日的阿尔法·罗密欧(图3-42)。

图3-41　阿尔法·罗密欧标志　　图3-42　阿尔法·罗密欧2020款STELVIO汽车

(3) 玛莎拉蒂汽车。

玛莎拉蒂汽车公司(图3-43)具有悠久的历史,玛莎拉蒂家族四兄弟于1914年在意大利科隆拿成立了玛莎拉蒂公司,并于1926年生产了第一辆汽车Tipo26,创始人阿夫尔·玛莎拉蒂披甲上阵,亲自驾驶Tipo26型汽车参加了汽车比赛并赢得了奖项。玛莎拉蒂汽车公司是专门生产运动车(图3-44)的公司,在欧洲具有很高的知名度。法拉利、兰博基尼和玛莎拉蒂被称为意大利的"两皇一后",两皇是指"法拉利"和"兰博基尼",一后是指"玛莎拉蒂"。玛莎拉蒂运动车在造型设计上,将自己的传统风格与流行款式相结合,在外观造型、机械性能、舒适安全性等各方面,在运动车中都是一流的。玛莎拉蒂的主要车型有:Quattroporte总裁系列、玛莎拉蒂敞篷跑车系列、GranTurismo跑车系列等。

图3-43 玛莎拉蒂标志

图3-44 玛莎拉蒂GTS汽车

(4) 克莱斯勒汽车。

克莱斯勒汽车公司(图3-45)是美国著名的汽车公司,同时也是美国三大汽车公司之一,公司总部设在密歇根州奥本山。公司创始人沃尔特·克莱斯勒1875年出生于美国艾奥瓦州一个铁路技师的家庭。2021克莱斯勒成为STELLANTIS(斯蒂兰蒂斯)汽车集团旗下品牌。

1934年,克莱斯勒创立汽车界第一个风洞来研究空气力学,克莱斯勒Airflow(图3-46)是世界上第一辆采用空气力学原理设计的汽车,2023年推出Airflow电动概念车。首位登上月球的太空人尼尔·阿姆斯特朗曾是克莱斯勒的代言人。

图3-45 克莱斯勒标志

图3-46 1934年款克莱斯勒Airflow

克莱斯勒旗下拥有吉普、道奇等汽车品牌。吉普是一个品牌,而不是一种车型。世界上第一辆吉普车是1941年克莱斯勒在第二次世界大战中为满足美军军需生产的。在中国,吉普品牌仅限北京吉普汽车有限公司使用。吉普品牌在汽车领域率先定义了运动型多用途车(SUV)细分市场,吉普汽车的主要车型有牧马人(图3-47)、大切诺基、角斗士等。

5 雷诺—日产—三菱联盟

1999年,为应对竞争日益激烈的汽车市场,法国雷诺汽车兼并韩国三星汽车公司和罗马尼亚达契亚汽车公司,同时收购陷入困境的日本日产汽车公司36.8%的股份(至2013年达到43.4%),成为其第一大股东,并结为战略联盟,形成雷诺—日产汽车联盟。

2016年日本三菱汽车因燃油经济性测试中的数据造假案陷入困境,日产汽车因此获得三菱的控股权,随后使三菱成为联盟的平等合作伙伴,联盟因此更名为雷诺—日产—三菱联盟,演绎了汽车界桃园三结义的故事(图3-48)。联盟的目标是通过最大化价值创造,加强战略敏捷性,实现协同效应,为所有联盟利益相关者创造价值。联盟是全球领先的电动汽车制造集团之一,自2009年以来全球销售超过100万辆轻型电动汽车。

图3-47　吉普牧马人　　　　　图3-48　雷诺—日产—三菱联盟

联盟成立以来,"三兄弟"貌合神离,问题不断,2020年更是演出了一场惊心动魄的董事长海外逃亡故事,震惊世界。2023年2月雷诺—日产—三菱联盟发布了一系列新的举措,以进一步提升联盟成员间的合作。2023年9月法国雷诺汽车公司宣布解除与日产汽车、三菱汽车的共同采购合同。联盟将何去何从,让我们拭目以待吧。

(1)雷诺汽车。

法国雷诺汽车由路易·雷诺和他的两个哥哥马塞尔·雷诺及费尔南·雷诺于1898年在布洛涅—比扬古创立。路易是一个很有天分的车辆工程师,雷诺成立之初就显现其发明实力。1899年雷诺获得涡轮增压的发明专利。在第一次世界大战时雷诺汽车开始生产军机和坦克,一跃成为世界领先的飞机发动机制造商之一。值得一提的是,雷诺公司设计了世界上第一种使用旋转炮塔的坦克FT-17,它是现代坦克的鼻祖。第一次世界大战结束之后,雷诺成为法国第一大私人企业。在第二次世界大战中,路易·雷诺由于其工厂为纳粹生产卡车而被捕,雷诺汽车被法国政府接管,成了世界上最大的一家国营汽车公司,直至1992年重新私有化。

2020年雷诺汽车结束东风雷诺合作项目,退出中国轿车市场。雷诺在中国还有江铃汽车集团新能源汽车有限公司和易特捷新能源汽车有限公司两家合资公司。2022年吉利汽车与雷诺韩国汽车签订股份认购协议,同意吉利汽车以13.76亿元认购雷诺韩国汽车4537.5万股股份,交易完成后,吉利汽车持有雷诺韩国汽车34.02%的股份,吉利开始借雷诺之名进入韩国市场。2023年7月雷诺汽车与吉利控股集团签署了一项50∶50的约束性合资协议,成立一家新公司,在全球范围内研发、制造和供应先进的混合动力总成和高效的燃油动力总成。

雷诺集团旗下涵盖商用车和乘用车领域,拥有雷诺、达契亚、阿尔派和移动出行等4大品牌(图3-49)。雷诺汽车主要车型有梅甘娜、克丽欧、拉古娜、丽人行、太空车等。

雷诺汽车

移动出行工具

达契亚汽车

阿尔派超级跑车

图3-49 法国雷诺集团主要品牌

(2)日产汽车。

日产汽车公司(图3-50)于1933年在日本神奈川县横滨市创立,由达特桑汽车制造有限公司、户畑铸造有限公司、石川岛汽车工厂、汽车工业有限公司(五十铃前身)合并而成。

图3-50 日产汽车标志

日产汽车造车之路是从英国引进奥斯汀汽车开始,经过不断发展,日产汽车不断取得突破,拥有诸多先进技术,如e-Power混合动力技术、Super HICAS四轮转向技术等,旗下的VQ系列V6发动机曾连续13年入选华德十大最佳发动机。目前日产汽车旗下有日产、达特桑、启辰和豪车品牌——Infiniti(英菲尼迪)等品牌。日产主要车型有骐达、轩逸、天籁、阳光和Z系列等,SUV产品有奇骏和逍客等,MPV产品有贵士,商用车则有NV200、碧莲等。

日产汽车在中国主要有东风日产和郑州日产两家合资企业。东风日产负责英菲尼迪、日产和启辰品牌乘用车业务,郑州日产负责日产、东风双品牌轻型商用车产品。

为保持产品的创新、实现可持续发展,日产推出全新的电动车聆风NISMO(图3-51)、艾睿雅(图3-52)等车型。

图 3-51　日产聆风 NISMO

图 3-52　采用双电机的艾睿雅

二、美国著名汽车品牌

1 通用汽车

美国通用汽车公司由威廉·杜兰特于 1908 年以别克汽车公司和奥兹汽车公司为基础成立,总部位于美国密歇根州底特律。1931 年通用汽车公司超越了福特公司成为世界上最大的汽车厂家,一直到 2008 年被丰田汽车超越。2009 年受金融危机的影响,通用汽车申请破产,旗下土星、庞蒂克、悍马、奥兹莫比尔等品牌的汽车宣告停产。2011 年经过重组的通用汽车走上了复兴之路,恢复了生机。通用汽车公司与其战略合作伙伴在 31 个国家建立了汽车制造业务,生产和销售雪佛兰、别克、凯迪拉克、GMC、大宇、霍顿及五菱品牌的汽车产品并提供售后服务。通用汽车在中国建立了多家合资企业,包括上汽通用、上汽通用五菱等。

在通用汽车的发展过程中,通用汽车公司的第八任总裁及董事长——艾尔弗雷德·斯隆,在管理与商业模式上的创新为通用汽车的发展做出了重要贡献。斯隆获选为美国《商业周刊》75 年来最伟大的创新者之一。他在 1921—1922 期间就提出了一种叫"集中政策控制下的分散经营"组织机构模式,这是事业部制组织结构的雏形。他还提出了著名的"不同的钱包、不同的目标、不同的车型"的市场细分战略。斯隆根据价格范围对美国汽车市场进行了细分。每个通用汽车品牌的产品都针对一个细分市场:比如雪佛兰针对低端市场,凯迪拉克则瞄准高端市场。

通用汽车发展过程中另一位著名的人物是乔·吉拉德。他是吉尼斯世界纪录大全认可的世界上最成功的推销员,从 1963 年至 1978 年总共推销出 13001 辆雪佛兰汽车,连续 12 年荣登世界吉尼斯纪录大全世界销售第一的宝座,他所保持的世界汽车销售纪录——连续 12 年平均每天销售 6 辆车,至今无人能破。他的故事和经验在销售领域产生了深远影响。

通用汽车是全球最早推进电动汽车技术,开发氢燃料电池汽车的厂家之一。2007 年 1 月,通用汽车首次向世界展示雪佛兰沃蓝达电动汽车(图 3-53)。2021 年通用汽车推出 Ultium 电动汽车平台(图 3-54)。通用汽车公司计划到 2025 年在全球推出超过 30 款电动车,其中超过三分之二将引入中国市场。这些车型将全部基于奥特能平台打造,而在品牌方面将覆盖凯迪拉克、别克、雪佛兰等。此外,中国首家奥特能超级工厂已于 2021 年 10 月在上海金桥投产。

图 3-53 沃蓝达上市

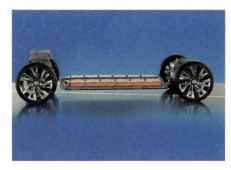
图 3-54 通用汽车 Ultium 电动汽车平台

通用汽车拥有超过 18 万名员工,分布在五大洲,使用超过 70 种语言,横跨 23 个时区。其经销商超过 12000 家。通用汽车旗下多个品牌全系列车型畅销于全球 125 个国家和地区。凭借在电池、电动汽车和动力控制装置等方面的突破,再到无人自动驾驶汽车的研发,通用汽车公司一直在汽车科技的前沿行列。在新的征程上,通用汽车继续致力于开发创新技术、塑造汽车行业的未来。

1) 雪佛兰汽车

1911 年,路易斯·雪佛兰和威廉·杜兰特正式创立雪佛兰品牌,1918 年被通用汽车并购,现为通用汽车旗下最为国际化和大众化的品牌。以金领结为标志的雪佛兰历经百年演变,在汽车界留下了深刻的印记。雪佛兰在各类赛事中战绩辉煌,获得 40 次纳斯卡赛事冠军,8 次勒芒 24 小时耐力赛冠军。1961 年雪佛兰便开发氢燃料电池汽车,并和 NASA 合作将此技术用于人类首次登月的月球车。雪佛兰的车型品种非常广泛,从轿车到大型皮卡,从越野车到跑车,雪佛兰几乎生产消费者所需要的任何一种车型,其主要车型包括:星迈罗、创酷、科鲁兹、迈锐宝、探界者、开拓者以及新能源车畅巡等(图 3-55)。

图 3-55 雪佛兰旗下主要车型

科尔维特是雪佛兰旗下的高端跑车品牌,诞生于 1953 年。科尔维特特别能体现美国人对于超级跑车的独特定义:狂野大气、不拘小节。狂躁的 V8 发动机,7.0L 的巨大排量,中置四出的排气管,都使科尔维特同雪佛兰的传统车型具有很大的区别(图 3-56)。

2) 别克汽车

1908 年,别克汽车被纳入通用汽车旗下。别克汽车的创始人大卫·别克在 1899 年之前就开始研制汽油发动机,并于 1900 年研制出第二辆汽车,但直至 1903 年别克汽车公司才正式成立。经历过百年之久的别克品牌不仅得到了长足的发展,同时留下了难以尽数的经典车型,因此对世界汽车工业的发展做出了不朽的贡献。别克汽车的主要车型有:君威、E5(图 3-57)、

GL8、威朗、英朗、凯越等。

图 3-56　科尔维特超跑

图 3-57　别克 E5

3）凯迪拉克汽车

1902 年，凯迪拉克汽车诞生于美国汽车城底特律，它的前身是 1899 年创立的底特律汽车公司。当时底特律汽车公司重组，为了表示对底特律汽车城创建者——法国贵族、探险家安东尼·门斯·凯迪拉克的敬意，将其更名为凯迪拉克汽车公司。凯迪拉克品牌标志（图 3-58）源自凯迪拉克家族徽章，象征了至高的勇气、智慧、品德和荣誉。一百多年来，凯迪拉克创造了汽车行业的众多第一，被誉为世界豪华车的行业标准（图 3-59）。

图 3-58　凯迪拉克标志

图 3-59　凯迪拉克纯电动汽车锐哥

❷ 福特汽车

福特汽车公司是世界最大的汽车企业之一，总部设在美国密歇根州迪尔伯恩市。

今天的福特汽车公司仍然是世界一流的汽车企业，坚守着亨利·福特先生开创的企业理念："消费者是我们工作的中心所在。我们在工作中必须时刻想着消费者，提供比竞争对手更好的产品和服务。"

福特汽车公司旗下拥有福特（图 3-60）、林肯等汽车品牌。福特汽车公司从事制造和装配业务的工厂遍及全球，产品行销全球 6 大洲。

电马

锐际（插电混动版）

领界

图 3-60　福特新能源车系

林肯是福特旗下的一款豪华车品牌，创立于 1922 年，创始人为亨利·马代恩·利兰。

3 特斯拉汽车

特斯拉是一家美国的电动汽车及能源公司,总部位于美国得克萨斯州,由硅谷工程师、资深车迷马丁·艾伯哈德和马克·塔彭宁于 2003 年共同创立,公司命名为"Tesla Motors",以纪念物理学家尼古拉·特斯拉。2004 年 SpaceX 的创始人埃隆·马斯克以投资人的身份进入公司,继而成为特斯拉第四任 CEO。

特斯拉的主要产品包括纯电动车、太阳能板、太阳能屋顶、储能设备。特斯拉是世界上最早的自动驾驶汽车生产商。

特斯拉研发的第一款车是以英国莲花汽车 Lotus Evora 为基础的纯电动跑车 Roadster,该车是首款使用锂离子电池的汽车,也是第一款充满电能行驶超过 200mile 的电动汽车。

特斯拉汽车的主要车型包括:Roadster、Model S(图 3-61)、Model X、Model 3、Model Y、Semi 和 Cybertruck(图 3-62)。

图 3-61　Model S

图 3-62　Cybertruck

特斯拉是 21 世纪汽车工业创新发展和技术革新的典范,特斯拉汽车为汽车工业带来革命性的技术包括以下五个方面。

①智能制造自动化无人工厂:特斯拉的无人工厂被誉为全球最智能的全自动化生产车间,包括冲压生产线、车身中心、烤漆中心与组装中心四大制造环节,所有的生产流程都由机器人完成。

②一体化压铸制造工艺:特斯拉采用一体化压铸工艺制造整个白车身,尽可能减少汽车部件组装和焊接,实现汽车轻量化,提高生产效率和质量,降低了成本。特斯拉的车身由 5 块压铸件组成,底盘则由 3 块压铸件组成,一辆车仅 8 块构件(图 3-63)。

③采用先进的"三电"技术:特斯拉自主研发的"三电"技术涵盖了电池、电机和电子控制系统,是一项全面的技术体系。

④在控制器中大规模使用碳化硅(SiC)功率器件:采用碳化硅功率器件,不仅能提高车辆的能源利用效率、续航里程和充电速率,同时带动 SiC 技术在汽车制造中的广泛应用。

⑤自动辅助驾驶、智能座舱技术应用：特斯拉是智能驾驶和智能座舱技术的领导者，使车辆能够在驾驶人主动监控的情况下，根据其他车辆与行人在行驶车道内自动辅助实施转向、加速和制动，从而减少枯燥的驾驶操作，提升驾驶乐趣，系统通过OTA空中软件实现远程更新。

图3-63　采用一体化压铸的底盘

三、亚洲著名汽车品牌

1 丰田汽车

丰田汽车公司是一家总部设在日本爱知县丰田市和东京都文京区的汽车工业制造公司，创立于1937年，是丰田喜一郎在其父亲丰田佐吉的丰田自动织机制作所设立的汽车部基础上发展起来的。成立之初的丰田汽车仿照1934年的克莱斯勒Airflow车型制造了第一款车型，第二次世界大战期间，生产各类装甲车、货车等装备积累了生产汽车的经验和技术。第二次世界大战后，丰田汽车陆续推出皇冠、光冠、花冠等车型，开始在汽车界名噪一时。

丰田汽车公司的成功得益于其创造的丰田精益生产方式。丰田精益生产以效率、品质、成本、交货期、士气为核心，开展准时生产，确保按时交付产品，避免库存积压，全员积极参与改善优化流程，消除浪费，提高生产效率，达到用最少的投入实现最大产出的目的。丰田精益生产方式是现代工业的典范，它反映了日本在重复性生产过程中的管理思想。

丰田精益生产方式使得丰田汽车一跃成为全世界最大的汽车厂家之一，2008年曾一度取代通用汽车成为全世界第一的汽车生产厂商，是全球首家年产量超过1000万辆的汽车制造商。丰田汽车以其出色的质量和可靠性而闻名，目前丰田旗下包括丰田、雷克萨斯、大发等品牌（图3-64），是斯巴鲁汽车、爱信、电装、爱知钢铁的大股东。

为应对碳排放带来的环境问题，丰田是最早推出混合动力汽车和氢燃料电池汽车的厂家。1997年上市的普锐斯是全球第一款量产混合动力汽车，至2023年已升级为第五代智能电混双擎系统。第一代氢燃

图3-64　丰田旗下主要品牌

料电池汽车 MIRAI 于 2014 年上市销售,成为世界上首个量产的氢燃料电池车型。2023 年推出氢燃料电池车第二代 MIRAI(图 3-65),成为全球在氢燃料电池汽车方面的领导者。此外,丰田在移动出行领域积极创新,致力于构建清洁、互联、安全和节能的出行服务。2018 年推出了基于 e-Palette(图 3-66)的联盟,与合作伙伴如亚马逊、滴滴、必胜客、优步等共同开发基于 e-Palette 概念车的各种应用。

图 3-65　丰田第二代 MIRAI

图 3-66　丰田移动出行工具 e-Palette

丰田围绕"电动化""智能化""多样化"三个主题加速向移动出行公司进化。2020 年丰田汽车公司与比亚迪股份有限公司合作,合资成立纯电动车研发公司——比亚迪丰田电动车科技有限公司,共同打造 bZ 纯电动车系列。

在智能驾驶技术方面,丰田分别推出 T-Pilot 智能驾驶辅助系统和 Toyota Space 智能座舱。在自动驾驶领域与小马智行开展合作,丰田提供雷克萨斯 RX、丰田赛那等车辆,由小马智行搭载自动驾驶系统后,在多地开展商业化示范运营。

2 本田汽车

本田汽车全称为"本田技研工业股份有限公司",由本田宗一郎于 1948 年创立。本田从生产自行车助力发动机起步,逐步发展成为集汽车、摩托车、飞机、船舶和航空发动机、电力设备生产的大型跨国企业。目前本田旗下有本田、阿库拉等汽车品牌。其主要车型有雅阁、英仕派、皓影、飞度、思域、奥德赛、CRV 等热销车型。本田一直以"梦想"作为原动力,尊重个性,形成了推崇员工创造性、自由豁达的企业文化。

本田始终致力于减少碳排放。本田计划在 2030 年之后,所有新车型均为纯电动车和混合动力车型(图 3-67)。

2023 年本田发布"智导互联 Honda CONNECT 4.0"和驾驶辅助系统——"Honda SENSING 360"。通过大数据和人工智能分析从"周围环境的监测""车内乘员的守护""车辆状态的诊断"三个维度实现"提

图 3-67　搭载双电机的本田混合动力汽车

前感知,预先守护,让驾驶远离危险"的驾驶体验。此外,该系统通过人脸识别可自动匹配个人专属的座舱设置,支持更多维的互联,实现移动与生活无缝衔接。在智能数据座舱方面,本田发布了全栈智控生态系统"e:NOS",在"e:NOS"中,标配真人级别的语音交互、超高清大尺寸车载显示系统,同时系统搭载全方位 ADAS 技术以及能够不断升级的车载互联技术。

2024 年 1 月在美国内华达州拉斯维加斯市,本田发布了全新系列纯电动车"Honda 0"(图 3-68),新一代纯电动车将启用全新"H"标识。

图 3-68 "Honda 0"系列纯电动车

本田在中国主要有东风本田和广汽本田两家合资企业。

3 马自达汽车

马自达汽车有限公司(图 3-69),总部位于日本广岛,是世界上唯一研发和生产转子发动机的汽车公司(图 3-70)。

图 3-69 马自达标志　　图 3-70 搭载转子发动机的马自达 RX-8 汽车

马自达公司创立于 1920 年,1931 年正式开始生产小型载货车,20 世纪 60 年代初正式生产轿车,自 1981 年到 2002 年,马自达已累积生产了各种汽车 3500 多万辆。马自达汽车在世界各地都取得了不俗的销售业绩。马自达汽车的主要车型有:马自达 3、马自达 6、马自达 8、马自达 CX-3 等。

第二节　中外合资品牌与自主品牌

经过 30 多年的快速发展,我国已成为世界最大的汽车市场,2023 年全国汽车保有量为 3.36 亿辆。我国汽车产业形成了以一汽集团、上汽集团、东风集团、长安集团、广汽集团、北汽集团为龙头,以吉利汽车、比亚迪汽车、长城汽车、奇瑞汽车、华晨汽车为主要骨干的产业格局。

进入新时代,我国汽车产业格局正在发生前所未有的变化,汽车产业由量的扩张到质的提升发展,我国汽车产业政策也随着产业变化进行了相应的调整。随着电动汽车技术的不断成熟、人工智能和互联网技术的广泛应用,2019年我国一跃成为新能源汽车最大的市场,涌现出了一大批造车新势力,形成了新能源汽车、智能汽车的新产业格局。

一、一汽集团

中国第一汽车集团有限公司,简称中国一汽(图3-71),总部位于吉林省长春市,前身为第一汽车制造厂,是我国汽车工业的摇篮,诞生了中国第一辆"解放"牌载货汽车,结束了中国不能制造汽车的历史。

图3-71 中国一汽标志

中国一汽坚持"全球先发、崭新首创"的理念,分别在长春、北京、上海、慕尼黑、硅谷构建了红旗造型设计院、新能源研发院、智能网联研发院、前瞻技术创新分院和体验感知测量研究院。在南非、巴基斯坦、墨西哥、俄罗斯等14个国家建有16个海外组装生产基地,散装组件出口比例超过60%。

一汽集团下辖红旗分公司、一汽解放汽车有限公司、一汽轿车股份有限公司、一汽—大众汽车有限公司等整车生产企业。主要汽车产品包括:红旗轿车、奔腾乘用车、解放品牌卡车、解放品牌客车、一汽—大众品牌乘用车、一汽—奥迪品牌乘用车、一汽—丰田品牌乘用车等。

1 红旗

红旗轿车(图3-72)诞生于1958年,是我国制造的第一款轿车。红旗牌轿车自诞生之日起便成为国家领导人和国家重大活动用车。红旗轿车不仅是中国汽车工业的一面旗帜、一个著名的汽车品牌,更是一种深深的情怀和神圣的记忆。

红旗轿车经过几代一汽人的努力,如今重整旗鼓再出发,在新时代正以崭新的面貌迎接市场的挑战。

目前红旗轿车产品主要包括L系列(新高尚红旗至尊车)、S系列(新高尚红旗轿跑车)、H系列(新高尚红旗主流车)、Q系列(新高尚红旗商务出行车)、E系列(新能源车)。2020年1月8日一汽集团在人民大会堂发布新红旗H9(图3-73)。

图3-72 红旗轿车

图3-73 2020款红旗H9豪华轿车

2 一汽—奔腾

一汽轿车股份有限公司成立于 1997 年 6 月，是中国第一汽车集团的控股子公司，是一汽集团发展自主品牌乘用车的核心企业，是中国轿车制造业第一家股份制上市公司。公司现有一汽—奔腾、一汽—马自达两个乘用车产品系列。

一汽—奔腾是一汽轿车 2006 年推出的自主品牌新产品，也是国内第一款自主品牌中高级轿车。一汽—奔腾目前在售奔腾 T33、T77、T99（图 3-74）三款 SUV 产品，以及奔腾 B90、B70、B50、B30 四款轿车产品。

3 一汽—丰田

一汽—丰田汽车有限公司成立于 2000 年 6 月，总部位于天津经济技术开发区。一汽—丰田共有天津、长春、成都三大生产基地。一汽—丰田公司的主导产品有奕泽、威驰、卡罗拉、亚洲龙、皇冠轿车和荣放（图 3-75）、普拉多、兰德酷路泽越野车以及柯斯达客车。

图 3-74　一汽—奔腾 T99

图 3-75　一汽—丰田 2019 款荣放

4 一汽—大众

一汽—大众汽车有限公司成立于 1991 年，由中国第一汽车集团有限公司和德国大众汽车股份公司、奥迪汽车股份公司及大众汽车（中国）投资有限公司共同成立。经过 30 多年的发展，一汽—大众建立了长春、成都、佛山、青岛以及天津五大生产基地，拥有八大专业生产厂。

一汽—大众的主要产品有：奥迪、大众、捷达三大品牌近 20 款产品，包括奥迪 A3、A4、A5、A6、A7、A8、Q2、Q3、Q5、Q7 及电动车 e-tron（图 3-76）系列、迈腾、CC、探岳（图 3-77）、探歌、速腾、高尔夫、高尔夫·嘉旅、蔚领、宝来系列以及捷达品牌产品，一汽—大众已成为国内成熟的覆盖 A、B、C 级全系列乘用车型的生产企业。

图 3-76　奥迪纯电动汽车 e-tron

图 3-77　一汽—大众探岳

二、东风汽车集团

东风汽车(图3-78)集团1969年创立于湖北省十堰市,前身是"第二汽车制造厂",1992年更名为东风汽车公司,2005年成立控股子公司东风汽车集团股份有限公司,在香港联交所挂牌上市。2017年完成公司制改制,更名为东风汽车集团有限公司。

东风汽车公司主营业务涵盖全系列商用车、乘用车、新能源汽车、军用车、关键汽车总成和零部件、汽车装备以及汽车相关业务。公司建立了武汉、十堰、襄阳、广州等四大基地,在瑞典建有海外研发基地,在中东、非洲、东南亚等区域建有海外制造基地,在南美、东欧、西亚等区域建有海外营销平台,还是法国标致雪铁龙集团三大股东之一。

图3-78　东风汽车标志

东风汽车集团拥有豪华电动越野品牌:猛士(图3-79);高端新能源品牌:岚图(图3-80);自主品牌:东风风神(图3-81)、东风纳米、东风风行(图3-82);合资品牌:东风日产、东风日产启辰、东风英菲尼迪、东风本田、东风雪铁龙、东风标致等。

图3-79　猛士纯电越野

图3-80　岚图追光

图3-81　东风风神AX7(2023款)

图3-82　东风风行

三、上汽集团

上汽集团成立于2004年。上汽集团整车板块主要涵盖乘用车和商用车的研发、生产和销售,主要包括上汽集团乘用车分公司、上汽大通汽车有限公司、智己汽车科技有限公司、飞凡汽车科技有限公司、上汽大众汽车有限公司、上汽通用汽车有限公司、上汽通用五菱汽车股份有限公司、南京汽车集团有限公司、南京依维柯汽车有限公司、上汽红岩汽车有限公司和上海申沃客车有限公司等整车企业。

上汽集团目前拥有自主品牌包括:荣威、名爵、上海大通、智己汽车、飞凡汽车、上汽轻卡、五菱、宝骏等(图3-83)。合资合作企业有上汽大众、上汽通用、上汽通用五菱、申沃客车、南京依维柯、红岩等企业(图3-84)。

图3-83　上汽集团自主品牌

图3-84　上汽集团合资合作企业

❶ 上汽通用

上海通用汽车有限公司成立于1997年6月,由上海汽车集团股份有限公司、通用汽车公司共同出资组建而成,目前拥有浦东金桥、烟台东岳、沈阳北盛3大生产基地,共4个整车生产厂、两个动力总成厂,是中国汽车工业的重要领军企业之一。目前已拥有别克(图3-85)、雪佛兰、凯迪拉克等品牌,共二十多个系列的产品阵容,覆盖了从顶级豪华车到经济型轿车各梯度市场,以及MPV、SUV等细分市场。

❷ 上汽大众

成立于1985年的上海大众汽车有限公司,2015年更名为上汽大众汽车有限公司(简称上汽大众),是一家中德合资企业,双方投资比例各为50%。公司总部位于上海安亭国际汽车城,占地面积333万 m^2。2008年成立的上汽大众南京分公司为第四个整车生产基地,位于南京市江宁经济技术开发区,占地面积63.5万 m^2。

上汽大众是国内规模最大的现代化轿车生产基地之一。基于大众、斯柯达两大品牌,公司目前拥有桑塔纳、帕萨特(图3-86)、Polo、途安、朗逸、途观、明锐、晶锐和昊锐等十大系列产品,覆盖A0级、A级、B级、SUV等不同细分市场。

图 3-85　上汽通用别克汽车

图 3-86　上汽大众新帕萨特汽车

❸ 智己汽车

智己汽车成立于 2020 年，是由上汽集团、张江高科和阿里巴巴集团共同打造的探索实现"软件定义汽车"的全新汽车科创公司。目前主要车型有智己 L7、智己 LS7、智己 LS6 等（图 3-87）。

图 3-87　智己汽车

四、北汽集团

北京汽车集团有限公司（简称北汽集团）成立于 1958 年。其前身为北京汽车制造厂，曾自主研发生产第一辆"井冈山"牌轿车以及中国第一代轻型越野车 BJ212。2009 年 12 月，北京汽车收购瑞典萨博汽车公司，以高端品牌萨博的先进技术开辟中国汽车产业的全新格局。

目前，北汽集团旗下自主品牌有北京汽车（智道 U7、智行、D50 等）、北汽昌河（Q35、Q25、M60 等）、北汽越野车（BJ20、BJ40、BJ80、X65、X35、X25 等）、北汽福田（迦途、萨瓦纳、拓路者等）、北汽银翔（幻速系列）等；合资品牌主要有北京奔驰、福建奔驰和北京现代等。

❶ 北京奔驰

北京奔驰汽车有限公司（简称北京奔驰）成立于 2005 年 8 月，是北京汽车股份有限公司与梅赛德斯—奔驰集团股份公司、梅赛德斯—奔驰（中国）投资有限公司共同投资，集发动机、电池与整车研发、生产、销售和售后服务为一体的中德合资企业。

北京奔驰目前在产 11 款梅赛德斯—奔驰车型：EQE、EQE SUV（图 3-88）、EQA SUV、EQB SUV、长轴距 E 级车、长轴距 C 级车、长轴距 GLC、长轴距 A 级轿车、GLA SUV、GLB SUV 以及 AMG 等。

图 3-88　奔驰电动车 EQE

北京奔驰以"奔驰车，中国造！"为使命，以"星徽闪耀"为愿景，加快推进"电动化、数字化、低碳化"战略转型，向着成为"走向世界的、国际化的中国高端汽车品牌标杆企业"的目标不断前行。

2　北京现代

北京现代汽车有限公司（简称北京现代）是一家中韩合资汽车制造商，于 2002 年 10 月成立，中资母公司是北汽控股。北京现代目前生产和销售的车型主要有：昂希诺、悦纳、领动、逸行、索纳塔、途胜、ix25、ix35（图 3-89）等。

图 3-89　北京现代 ix35 汽车

五、广汽集团

广州汽车集团股份有限公司成立于 2005 年，是广州市大型国有控股股份制企业集团，旗下拥有广汽传祺、广汽埃安两个自主品牌汽车企业，广汽本田、广汽丰田、广汽日野、广汽比亚迪等合资合作汽车企业，以及五羊—本田摩托车公司。旗下还拥有广汽研究院、广汽部件、广汽丰田发动机、上海日野发动机、广汽商贸、大圣科技、广汽汇理汽金、众诚保险、广汽资本、中隆投资、广汽财务、如祺出行等 20 多家研发机构和企业。

1　广汽本田

广汽本田汽车有限公司（简称广汽本田或广本）于 1998 年 7 月成立，它是由广汽集团与日本本田技研工业株式会社共同出资组建的合资公司，双方各占 50% 股份，合作年限为 30 年。广汽本田目前有广州黄埔工厂和广州增城工厂两个厂区，生产能力合计达到年产 48 万辆，合计占地面积为 160 万 m^2。

目前，广汽本田的产品包括皓影、冠道、凌派、雅阁、奥德赛、锋范和飞度等车型。

2　广汽丰田

广汽丰田汽车有限公司成立于 2004 年 9 月，由广汽集团与日本丰田汽车公司各出资

50%组建。公司位于广州南沙区,占地面积187万 m^2。现有凯美瑞(含混合动力)、威兰达和汉兰达等车型。

❸ 广汽传祺

广汽传祺是广汽集团的全资子公司广汽乘用车有限公司的品牌,成立于2008年。旗下车型包括:传祺新能源(E8、E9、ES9)、M8、影豹、影酷、GS8、GS4等。

❹ 广汽埃安

广汽埃安(原名广汽新能源)成立于2017年,是广汽集团旗下汽车品牌。广汽埃安以"EV(纯电动)+ICV(智能网联)"为目标,建成了国内首家新能源纯电专属工厂,主要车型有AION S、Y、V、LS等系列产品,以及2023年发布的高端豪华品牌——昊铂。广汽埃安拥有弹匣电池系统安全技术、全球首创两挡双电机"四合一"集成电驱技术、超倍速电池技术等先进技术。

六、其他自主品牌

比亚迪汽车

❶ 比亚迪汽车

比亚迪成立于1995年,创始人王传福。比亚迪从手机电池供应商起步,经过近30年的高速发展,建立起涵盖电子、汽车、新能源和轨道交通等领域的跨国集团公司,已在全球设立30多个工业园,实现全球六大洲的战略布局。比亚迪致力于"用技术创新,满足人们对美好生活的向往",助力实现"碳达峰、碳中和"目标,2015年,比亚迪荣获联合国成立70年来首个针对新能源行业的奖项——"联合国特别能源奖"。从2022年3月开始,比亚迪全面停止燃油汽车的整车生产,成为全球第一个正式停止生产燃油车的车企。

比亚迪在发展过程中坚持技术创新,坚持自主研发,是国内唯一掌握电池、电机、电控全产业链核心技术的厂家,是全球最大的磷酸铁锂电池供应商,凭借刀片电池技术、DM混动技术、电动e平台3.0技术、CTB电池车身一体化技术、DiLink智能网联系统、易四方、底盘云辇系统等一系列颠覆性技术(图3-90),比亚迪成为全球新能源汽车的领头羊。新能源汽车销量持续刷新行业纪录,2023年11月24日,比亚迪第600万辆新能源汽车正式下线,成为全球首个达成600万辆新能源汽车下线的车企。2023年比亚迪新能源汽车累计销量302.44万辆,同比增长62.3%,超越特斯拉,成为全球新能源汽车销量第一的车企。

比亚迪汽车的主要产品系列包括:面向年轻人,满足"年轻人的第一辆车"目标的海洋系列(图3-91);主打中端成熟人群,空间舒适的王朝系列;与奔驰合作,定位于中高端商务人群的腾势系列(图3-92);主打百万级豪华品牌,汇聚比亚迪全部顶尖技术结晶的仰望系列(图3-93)。此外,比亚迪汽车还有一系列的混动车型和纯电车型,以及PLUS(高性价比)系列和Dmp(双模混动四驱)系列等,2023年推出方程豹系列(图3-94)。

第三章　汽车品牌

a)刀片电池

b)DM混动技术

c)电动e平台

d)CTB电池车身一体化

e)DiLink智能网联系统

f)底盘云辇系统

图 3-90　比亚迪新能源领先技术

图 3-91　比亚迪海豚电动车

图 3-92　比亚迪与奔驰合作商务电动车—腾势 D9

图 3-93　比亚迪高端电动车型——仰望 U8

图 3-94　比亚迪混动车型——方程豹

2024 年 1 月 20 日,美国国会宣布禁止五角大楼采购包括宁德时代、比亚迪在内的 6 家中国企业生产的电池。

❷ 奇瑞集团

奇瑞控股集团有限公司成立于 1997 年,从汽车制造业起家,逐步发展成为一家以汽车产业为核心的多元化企业集团,涵盖了乘用车、汽车零部件、金融、地产、现代服务、智能化 6 大板块业务,旗下拥有奇瑞汽车、奇瑞商用车、奇瑞汽金、奇瑞科技等 300 余家成员企业,业务遍布全球 80 多个国家和地区,连续 21 年位居中国品牌乘用车出口第一。

奇瑞乘用车品牌包含奇瑞、星途、捷途、爱咖等 4 大自主品牌,以及合资品牌奇瑞捷豹路虎。

(1) 奇瑞(CHERY)品牌,主要有四个系列:瑞虎系列、艾瑞泽系列、探索系列、新能源系列。奇瑞新能源系列(图 3-95),包括舒享家系列、小蚂蚁系列、无界 PRO、QQ 冰淇淋系列、艾瑞泽 e 系列。

图 3-95　奇瑞新能源旗下小蚂蚁和冰淇淋系列

(2) 星途(EXEED)品牌,是奇瑞全新的独立汽车品牌,定位高端品牌,包括星途追风(插电混动)、星途凌云(燃油系列)、星途揽月(燃油系列)、星途瑶光(燃油、混动系列)、星途星纪元(纯电轿车,见图3-96)。

图3-96　奇瑞星纪元纯电汽车

(3)捷途汽车(JETOUR)品牌,专注旅行细分市场,该品牌旗下车型将分为城市 SUV、轻度越野和硬派越野三大系列,包括捷途旅行者(图3-97)、捷途大圣系列、捷途 X90 系列、捷途 X70 系列、捷途 T、捷途 X、捷途 JMK。

图3-97　捷途旅行者

(4)爱咖(iCAR)品牌(图3-98),定位于智能电动汽车品牌,目前,主要车型有 iCAR GT(轿跑)、iCAR 03(越野)两款。

图3-98　奇瑞爱咖(iCAR)电动车

(5)奇瑞捷豹路虎,2012 年 11 月由奇瑞汽车股份有限公司和捷豹路虎汽车共同出资组建(图3-99),合资双方股比为50∶50,是国内首家中英合资的高端汽车企业。奇瑞捷豹路虎生产基地位于江苏常熟市。捷豹路虎的大股东是印度塔塔汽车集团。2008 年,印度塔塔汽车集团从福特手中收购了捷豹和路虎的业务,同年正式成立了捷豹路虎。尽管塔塔集团是捷豹路虎的全资母公司,但捷豹路虎在设计、研发、生产以及营销等方面都保持了独立。因此,虽然捷豹路虎的品牌所有权属于印度的塔塔集团,但捷豹路虎依然是一个地道的英国汽车品牌。奇瑞捷豹路虎已推出揽胜极光 L(及插电式电动混合版)、发现运动版(及插电式电动混合版)、捷豹 XFL、捷豹 XEL 和捷豹 E-PACE 五款车型,以及英杰力发动机等产品。

奇瑞商用车包括开瑞汽车、开瑞新能源、瑞弗、万达客车等品牌。

图3-99 2012年奇瑞捷豹路虎开启合资之路

3 吉利集团

浙江吉利控股集团始建于1986年，创始人李书福（图3-100）。吉利从摩托车制造业起步，1997年进入汽车行业，经过近30年的积累和发展，吉利控股发展成为全球性集团，建立起庞大的商业帝国，拥有11家海内外上市公司。旗下包括吉利汽车集团、沃尔沃汽车集团、极氪智能科技、路特斯汽车、智马达汽车、伦敦电动汽车、雷达新能源汽车、吉利科技集团、远程新能源商用车集团、铭泰集团、吉利出行、众尖投资集团、吉利人才发展集团等众多子集团，业务涵盖汽车及上下游产业链、智能出行服务、绿色运力、数字科技、教育等。

图3-100 吉利创始人李书福

吉利作为中国自主品牌汽车的一匹黑马，从半路出家的民营草创车企，通过技术创新和资源整合，成功演绎了一条经典的"逆袭"之路，成为中国自主汽车品牌领军者，并跻身世界级车企品牌行列。吉利开创的整合式创新模式，通过一系列国际化运作，在资本运营方面取得了巨大的成功。吉利2005年在香港成功借壳上市，2006年开始控股英国锰铜公司，在上海生产英国老爷出租车TX4。2008年吉利收购全球排名第二的自动变速器生产商——DSI变速器公司。2010年吉利并购瑞典沃尔沃汽车，成功将收购价格从福特提出的60亿美元，压到最终成交的18亿美元，上演了一出蛇吞象的商业奇迹，拉开中国车企参与全球竞争的时代大幕，这一商业案例也成为哈佛商学院经典案例。2013年浙江吉利控股集团再次出手以1104万英镑收购英国锰铜控股的核心资产与业务。2016年收购上市公司钱江摩托，2020年收购商用车上市公司华菱星马，改名为汉马科技，同年入主重庆力帆汽车。

通过海外并购，提升中国汽车产业在本土市场的竞争力，为自主创新提供原始技术依据，实现技术跨越，并为中国汽车产业"走出去"提供现成的通道，迅速提升中国汽车及零部件在欧美日市场的比例，解决中国汽车产业自主创新所面临的知识产权问题，实现在发达国家汽车市场你中有我零的突破，从根本上改变中国汽车产业的国际形象。

不断创新、开拓进取是吉利发展的根本。吉利集团在中国上海、杭州、宁波，瑞典哥德堡、英国考文垂、美国加州、德国法兰克福等地建有造型设计和工程研发中心，研发、设计人员超过3万人。在中国、美国、英国、瑞典、比利时、马来西亚建有世界一流的现代化整车和动力总成制造工厂,拥有各类销售网点超过 4000 家,产品销售及服务网络遍布世界各地。集团总部设在杭州,旗下包括吉利、领克、极氪、几何、沃尔沃、极星、路特斯、伦敦电动汽车、远程新能源商用车、雷达新能源汽车、曹操出行、礼帽出行等品牌。

(1)吉利汽车。旗下有三大产品系列,由 CMA、BMA 架构打造的包含中国星系列、双缤系列、博越家族、帝豪家族等在内的"精品系列"、纯电产品系列"吉利几何"以及中高端新能源系列"吉利银河"。

(2)领克汽车(图 3-101)。由吉利控股集团、吉利汽车集团与沃尔沃汽车合资成立,秉持"生而全球,开放互联"的品牌理念以及"个性、开放、互联"的价值观。领克品牌在技术与品质上对标豪华品牌,在市场定位和消费群体上对标一线外资品牌,为消费者创造全新的品牌体验和价值感。

图 3-101 领克汽车

(3)睿蓝汽车。成立于 2022 年 1 月 24 日,作为吉利汽车旗下全新换电出行品牌,拥有自主研发能力和智能制造实力,全球智能供应链,创新的营销服务运营体系。

(4)宝腾汽车(图 3-102)。是马来西亚的汽车品牌,业务遍及欧洲、东南亚和拉丁美洲。2017 年,吉利控股集团收购宝腾汽车 49.9% 的股份。

图 3-102 宝腾汽车

(5)沃尔沃汽车(图 3-103)。沃尔沃汽车是全球著名豪华汽车制造商,总部设在瑞典哥德堡。在汽车安全和节能环保方面,有许多独家研发的先进技术和专利。吉利不仅收购了沃尔沃的全部股权,买到了沃尔沃的核心技术、专利等知识产权和制造设施,还获得了沃尔沃在全球的经销渠道。

(6)极星汽车(图 3-104)。成立于 2017 年,是一家独立的瑞典高端电动汽车制造商,由沃尔沃汽车公司和吉利控股共同创立。

(7)极氪汽车(图 3-105)。2021 年 3 月成立,是一家以智能化、数字化、数据驱动的智能出行科技公司,聚焦智能电动出行前瞻技术的研发,构建科技生态圈与用户生态圈,从产品创新、用户体验创新到商业模式创新,致力于为用户带来极致的出行体验。

图 3-103　沃尔沃 EX90 电动车

图 3-104　极星汽车

图 3-105　极氪汽车

（8）路特斯汽车（图 3-106）。是标志性的英国运动和赛车品牌。2017 年，吉利控股集团收购了路特斯汽车的多数股权，成为路特斯汽车的控股公司。

图 3-106　路特斯汽车

（9）伦敦电动汽车。起源于 1908 年，是英式高端出行的百年品牌。伦敦电动汽车经典车型 TX 系列（图 3-107）与大本钟、双层巴士等，成为英伦文化标志之一，为欧洲名流高端出行专用。2013 年，公司被吉利控股集团收购并引入先进新能源技术与全球化资源。2021 年，伦敦电动汽车正式入驻中国，2022 年，旗下出行科技品牌"礼帽出行"正式发布，为全年龄段人群提供高品质、定制化的出行服务，领航"产品赋能出行"时代。

（10）雷达新能源汽车。是一家专注于户外生态的中高端新能源智能汽车，通过共享吉利控股的优势资源及专业力量，聚焦于皮卡细分市场。雷达新能源汽车将以全球化的视野进行产品设计及研发,着重于打造超越期待的户外智联体验。

吉利集团非常重视人才培养。吉利已创办10所院校,包括浙江汽车职业技术学院(吉利代管)、湘潭理工学院、三亚学院、吉利学院、湖南吉利汽车职业技术学院,在校学生超5万人,为社会累计培养人才超过15万。

图3-107　TX电动出租车

❹ 长安汽车

重庆长安汽车股份有限公司,简称长安汽车,为中国兵器装备集团有限公司旗下的核心整车企业,是我国四大汽车集团之一。目前,长安汽车在全球有16个生产基地、35个整车及发动机工厂。长安汽车旗下有长安福特、长安马自达、长安标致雪铁龙、江铃控股、长安铃木等合资合作企业。长安汽车分别在重庆、北京、河北、合肥,意大利都灵、日本横滨、英国伯明翰、美国底特律和德国慕尼黑建立起"六国九地"全球协同研发中心,拥有专业的汽车研发流程体系和试验验证体系。

长安汽车以"引领汽车文明,造福人类生活"为使命,努力为客户提供高品质的产品和服务,为员工创造良好的环境和发展空间,为社会承担更多责任,向"打造世界一流汽车企业"的宏伟愿景迈进。

长安汽车目前拥有全资整车企业包括长安乘用车、UNI、长安新能源、欧尚汽车、凯程汽车。长安乘用车旗下有启源(图3-108)、智电(图3-109)、逸达、UNI、Lumin、逸动EADO、X系列、锐程RAETON、皮卡等众多自主品牌。长安集团旗下合作企业有深蓝汽车科技有限公司、阿维塔科技(重庆)有限公司。深蓝汽车旗下有SL03、SL03i、S7等产品。

图3-108　长安启源A05

图3-109　长安智电CS75

❺ 华晨汽车

华晨汽车集团控股有限公司(简称华晨汽车),是中国汽车工业高起点"自主创新、自有技术、自主品牌"的主力军。华晨汽车是一个集整车、发动机、核心零部件研发、设计、制造、销售以及资本运作为一体的大型国有集团。拥有四家上市公司(华晨中国汽车控股有限公司、上海申华控股股份有限公司、金杯汽车股份有限公司、新晨中国动力控股有限公司),160余家全资、控股和参股公司,在多个"一带一路"共建国家建立海外散件组装工厂。

图 3-110　华晨中华 V7

华晨汽车在国内已建成南北两大产销基地,五个整车生产企业、四个发动机生产企业和多家零部件生产企业,企业旗下有"中华""金杯""华颂"三大自主品牌以及"华晨宝马""华晨雷诺"两大合资品牌,产品覆盖乘用车、商用车全领域。

华晨汽车秉承"品质先,方敢天下先"的企业经营理念,肩负"走自主创新路、造国民精品车"的企业使命,形成了"国际化、市场化、现代化"的独特企业文化。华晨中华旗下主要车型有 V7(图 3-110)、V6、V3、H3。

6 长城汽车

长城汽车股份有限公司(简称长城汽车)是全球知名的 SUV、皮卡制造商。旗下拥有哈弗、WEY(图 3-111)、欧拉(图 3-112)和长城皮卡四个品牌,产品涵盖 SUV、轿车、皮卡三大品类。长城汽车在国内已形成保定、徐水、天津、重庆、江苏、山东、浙江生产基地。在海外,长城汽车还在厄瓜多尔、马来西亚、突尼斯和保加利亚等国家建设了散件组装工厂。长城汽车独资兴建的俄罗斯图拉州工厂于 2019 年 6 月正式投产,这是中国品牌汽车企业在海外首个具备四大工艺的整车工厂。

图 3-111　长城 WEY VV7 车型

图 3-112　长城欧拉电动汽车

第三节　造车新势力

随着互联网技术、物联网技术、人工智能技术在汽车领域的广泛应用以及电动汽车"三电"技术的不断成熟,汽车行业涌现出了一大批基于信息技术,运用互联网、人工智能与电动车结合的汽车制造商,不以传统汽车厂商思路制造汽车,我们称之为"造车新势力"。

近几年大量资本进入汽车行业,在我国涌现出了一大批造车新势力。造车新势力作为我国汽车行业中涌现的新生力量,为产业电动化、智能化、网联化与个性化变革带来了"鲶鱼效应",推动汽车产业快速转型升级,为汽车工业带来了前所未有的变局,成为汽车市场的重要推动力量。以蔚来、小鹏、理想、零跑、哪吒为代表的造车新势力迅速发展。传统车企加速转型,纷纷成立新能源汽车品牌,迎接挑战。华为、小米、百度、阿里巴巴等科技巨头也跨界进入汽车领域,我国新能源汽车迎来前所未有的蓬勃发展期。

一、理想汽车

理想汽车由汽车之家网站创始人李想于2015年创立。理想汽车投资人包括王兴(美团的创始人)、张一鸣(字节跳动的创始人)、经纬中国、元璟资本、中金资本等知名投资人和投资机构。2020年7月30日理想汽车在美国纳斯达克上市。

理想汽车主要车型有L7、L8、L9(图3-113)、MEGA(图3-114)。理想汽车的主要技术包括增程电动2.0系统(自研1.5T增程器、自研五合一电驱)、全面布局800V高压平台(功率芯片、功率模块、电控、电机、传动系统)、理想魔毯空气悬架等。理想汽车在取得造车资质之前主要依靠重庆力帆汽车代工生产。

图3-113 理想L9

图3-114 理想MPV——MEGA

二、蔚来汽车

蔚来汽车成立于2014年,由易车网创始人李斌发起创立,并获得新加坡淡马锡、百度资本、国开行、招商银行、阿布扎比投资机构CYVN Holdings、红杉资本、联想集团、新浪科技、张磊、马化腾、刘强东、雷军、李想等超过50家著名机构和投资人投资。2018年9月12日,蔚来汽车在美国纽交所成功上市。2022年3月10日,蔚来汽车登陆港交所。2022年5月20日,蔚来在新加坡交易所主板成功上市。

蔚来汽车旗下主要产品包括ES、EC、ET系列(图3-115)等。蔚来汽车在取得造车资质前主要由江淮汽车、广汽、长安汽车代工生产。

蔚来汽车构建了全新的"全栈技术"构架,在智能驾驶、智能座舱、智慧能源、全景互联、整车全域操作系统、智能底盘、芯片和车载智能硬件、900V架构、全球数字运营等核心领域进行技术布局。蔚来汽车搭建了全球唯一的可充可换可升级的能源服务体系，通过家充桩、超充桩、第三方充电站、换电站和移动充电车构成了补能体系，解决用户旅程忧虑(图3-116)。

图 3-115　蔚来 ET9

图 3-116　蔚来汽车充电换电站

小鹏汽车

三、小鹏汽车

2014 年 UC 浏览器创始人何小鹏联合夏珩、何涛等人发起，YY 创始人李学凌、猎豹移动 CEO 傅盛等共同投资创立小鹏汽车。2017 年何小鹏从阿里巴巴离职，出任小鹏汽车董事长。小鹏汽车得到了阿里巴巴、富士康、IDG 资本、晨兴资本、经纬中国、红杉中国、高瓴资本、小米集团等著名机构和投资人的投资。2020 年 8 月 27 日，小鹏汽车在美国纽约上市。2021 年 7 月 7 日，小鹏汽车在香港上市，成为港股智能电动汽车第一股。

小鹏汽车旗下有 X9、G6、P7i、G9、P5、G3i 等车型(图3-117)。小鹏汽车一直坚持饱和式研发投入，构建全栈自研的核心能力。小鹏汽车在智能驾驶、交互体验、万物互联等领域持续领先。小鹏汽车智能辅助驾驶系统 XNGP 成为首个让高阶智能辅助驾驶在城市场景中量产落地的汽车品牌。其基于全栈自研的第二代语音架构，首创"全场景语音"功能，推出行业首个全车全时的语音交互功能，实现多人无须唤醒，多人同时人车语音对话等创新功能，是首家具备自研语音基础能力的汽车品牌。

图 3-117　小鹏汽车产品系列

小鹏汽车旗下还有小鹏汇天和小鹏鹏行2个出行品牌。小鹏汇天致力于打造全球最安全的智能电动飞行汽车,已成功研制出五代智能电动载人飞行器。小鹏鹏行专注于将智能机器人从梦想带进现实,探索全新的未来出行方式(图3-118)。

图3-118　小鹏飞行器和移动机器人

四、华为造车模式

华为作为中国科技领军企业,早在2009年便开始开发车载零部件,但是华为不是汽车制造商,不具备汽车生产资质,因此市场上并没有华为品牌的汽车。华为进入汽车工业只是将自己定位为一个平台型的公司,不直接参与汽车的制造,而是提供包括智能驾驶系统、车联网解决方案、电子电气架构等在内的核心技术和服务。另一方面,汽车行业正面临着前所未有的变革,在这个变革的浪潮中,传统汽车企业需要寻求新的合作伙伴,以实现技术创新和产业升级,而华为作为全球领先的信息通信技术解决方案提供商,其在5G、云计算、人工智能等领域的技术实力和市场影响力,使其成为传统车企汽车寻求合作的理想选择。这样的合作模式使得华为可以聚焦于自己的技术优势,同时规避制造环节的高投入和复杂管理,可以与多家车企合作,实现资源共享、优势互补,共同推动智能网联汽车技术的发展。

华为针对汽车行业提出鸿蒙智行计划,通过与合作伙伴结成鸿蒙智能汽车技术生态联盟,与合作伙伴一起推进汽车智能化技术发展,为用户打造卓越的智能汽车产品,提供极致的智慧出行体验,把数字世界带入每一辆车。目前华为鸿蒙智行联盟主要合作品牌包括与赛力斯汽车合作的问界、与奇瑞汽车合作的智界、与北汽合作的享界、与江淮汽车合作的尊界。华为鸿蒙智行主要包括以下内容:

(1)智能驾驶。采用HUAWEI ADS 2.0高阶智能驾驶系统,多维度感知硬件,配合高性能计算平台和华为自研拟人化算法,打造全场景智能驾驶体验,让人驾更安全,智驾更舒心,泊车更省心。

(2)智能座舱。通过鸿蒙智能座舱,重新定义车机操作系统。实现多人多音区,多设备可联动,带来更精彩的影音娱乐新体验,更强大的视觉能力,让出行变得更智慧。

(3)智能驾控。采用华为途灵智能底盘,搭载多模态融合感知系统、HUAWEI DATS动态自适应扭矩系统、HUAWEI xMotion智能车身协同控制系统,用AI与软件能力将机械素质发挥到极致,带来更好开、更安全、更舒适的驾驶体验。

(4)软件定义汽车。运用 HUAWEI iDVP 智能汽车数字平台,采用区域接入 + 中央控制架构,配合三大自研 OS 和整车 SOA 框架,软硬结合,构建开放灵活、可靠安全、可持续快速扩展的智能车数字平台,做软件定义汽车的"黑土地"。

华为目前与车企的合作模式有 3 种,分别是:①零部件供应模式(或称 Tier 1 模式);②HI 模式(Huawei Inside);③智选模式。智选模式是目前华为在汽车业务上落地相对迅速、成熟的模式,由华为终端业务集团主导,华为主导产品定义研发和设计,车辆在终端渠道中销售。在智选模式中,华为与车企全链路参与,包括前期定义、造型设计、研发制造,以及利用华为渠道和品牌帮助卖车等。采用 HI 模式的合作伙伴包括北汽集团、长安集团、广汽集团,采用智选模式的合作伙伴有赛力斯(原来的小康股份)、江淮汽车、奇瑞汽车等。这些企业与华为共同推出了子品牌,并打上了 Huawei Inside(HI)标识。华为合作的主要汽车品牌和车型包括:

(1)北汽极狐(图 3-119):北汽极狐是北汽集团旗下北汽蓝谷新能源汽车品牌,北汽极狐和小米、百度、华为等科技公司均有合作。2019 年极狐汽车联合华为共同设立了"1873 戴维森创新实验室",共同开发面向下一代的智能网联电动车技术。2020 年、2021 年北汽集团、华为、麦格纳三方合作,共同推出极狐阿尔法 T 和 S 车型。它们是首款搭载 HI 华为全栈智能汽车解决方案的量产车、全球首款支持城市道路高阶智能驾驶的量产车、全球首款搭载华为智能座舱-鸿蒙车机 OS 的高端纯电量产轿车。北京极狐汽车旗下主要车型有阿尔法 T5、考拉、阿尔法 T、阿尔法 S、阿尔法 S 森林版、阿尔法 T 森林版。

图 3-119　北汽极狐阿尔法

(2)赛力斯 SF5(图 3-120):这是华为与赛力斯汽车在智选模式下合作推出的第一款车型。华为提供整套软装系统,但整车制造则由赛力斯汽车完成。

图 3-120　赛力斯 SF5

(3)问界:问界是赛力斯发布的全新豪华新能源汽车品牌,华为从产品设计、产业链管理、质量管理、软件生态、用户经营、品牌营销、销售渠道等方面全流程提供了支持。2021 年 12 月,双方共同倾力打造的问界 M5 发布,产品搭载最新 HarmonyOS 智能座舱,开启了智能汽车 3.0 时代。目前主要车型有问界 M5、问界 M7、问界 M9(图 3-121)。

图 3-121　问界 M9

（4）奇瑞智界 S7（图 3-122）：这是华为与奇瑞汽车在智选模式下合作推出的一款车型。智界 S7 使用华为全栈智能汽车解决方案打造的全新平台生产，同时在产品定义、ID 设计、软硬件开发以及营销等领域由华为深度赋能。从造型设计到动力以及智驾、智舱等多个核心配置，智界 S7 均采用了华为最新的解决方案，新车搭载全新 DriveONE 800V 碳化硅高压动力平台，前交流异步电机 + 后永磁同步电机四驱组合，总功率 365kW，转速 22000r/min，0～100km/h 加速仅需 3.3s。智界 S7 首发搭载华为途灵智能底盘，包括自适应空气悬架系统以及路面感知、智能车辆状态感知、动态自适应扭矩控制和智能车身协同控制四大核心技术。智界 S7 采用 HarmonyOS 4 系统，搭载 HUAWEI ADS 2.0 高阶智能驾驶，全国无图都能开，且首发泊车代驾功能，可让车辆自主找车位并泊入，车位被占后可以智能寻找可泊车位，可自主完成倒车避让、会车避让、避让行人等复杂场景，更好地解决停车找位难、费时间的痛点。

图 3-122　智界 S7

（5）阿维塔：阿维塔是以长安汽车、宁德时代为主要投资方创立的高端智能电动汽车品牌，总部位于重庆，在上海及德国慕尼黑设有分部。阿维塔与华为采用 HI 模式合作模式。长安汽车、宁德时代、华为共同打造全球领先的智能电动汽车技术平台——CHN，该平台具备"新架构、强计算、高压充电"三大特征。阿维塔目前的主要产品包括阿维塔 11（图 3-123）、阿维塔 12 和阿维塔 011。阿维塔 11 搭载了华为全栈智能汽车解决方案，续航里程超过 700 公里，配备 240kW 超大功率快充，可在 15min 内将电池从 30% 充至 80%。

图 3-123　阿维塔 11

华为选择不亲自下场造车，而是在幕后提供技术支持和服务，这是一种商业模式的创新。这种模式使华为能够在保持灵活的同时，最大化地利用自身的研发优势。对于车企来说，这也是一种双赢的合作方式，因为它们可以借助华为的技术实力提升自家产品的竞争力，同时又能保留品牌的自主权。

实训模块

1. 请同学们在课余时间分组到不同品牌的4S店，了解各品牌的主要车型及主要技术参数，并拍照记录。

2. 请同学们按不同品牌汽车制作PPT和手抄报，介绍不同品牌汽车的发展史、企业文化、主要车型和核心技术。

思考与练习

一、填空题

1. 911是_____最具经典、传奇的车型，诞生于1963年。
2. 标致家族、_____、_____三大股东共同持股PSA。
3. PSA集团目前拥有标致、_____、_____、_____、沃克斯豪尔五大汽车品牌。
4. 特斯拉研发的第一辆车是以英国_____ Lotus Evora 为基础的纯电动跑车 Roadster。
5. 丰田汽车公司的成功得益于其创造的_____。
6. 比亚迪是国内唯一掌握_____、_____、_____全产业链核心技术的厂家。
7. 华为针对汽车行业提出_____计划。

二、判断题

1. 东风汽车公司的前身是第二汽车制造厂。　　　　　　　　　　　　　（　　）
2. 宾利汽车现在属于宝马集团。　　　　　　　　　　　　　　　　　　（　　）
3. 克莱斯勒Airflow是世界上第一辆采用空气力学原理设计的汽车。　　　（　　）
4. 乔·吉拉德是吉尼斯世界纪录大全认可的世界上最成功的汽车推销员。（　　）
5. 星途品牌是比亚迪旗下产品。　　　　　　　　　　　　　　　　　　（　　）
6. 捷豹路虎的大股东是印度塔塔汽车集团。　　　　　　　　　　　　　（　　）
7. 曹操出行是吉利旗下企业。　　　　　　　　　　　　　　　　　　　（　　）
8. 小鹏汽车搭建了全球唯一的可充可换可升级的能源服务体系。　　　　（　　）

三、问答题

1. 特斯拉汽车为汽车工业带来革命性的技术包括哪些？
2. 请解释丰田精益生产方式。
3. 华为鸿蒙智行主要包括哪些内容？

第四章

汽车与生活

知识目标
1. 了解国内外车展概况；
2. 了解汽车国内外汽车市场状况；
3. 了解汽车运动的历史、分类及特点。

能力目标
能够欣赏汽车生活和文化之美。

素养目标
1. 发现生活中的美，学会欣赏美，培养热爱生活的高尚情操；
2. 学会汽车礼仪文化，学习传统礼仪，形成礼仪习惯；
3. 具备品鉴汽车之美的能力，感受汽车工业的魅力。

建议学时
4 学时。

汽车与我们的生活息息相关。现代生活中，汽车已经不再单纯作为一种简单的出行交通工具，而是演变成一种生活方式、一种文化。我们在享受汽车给我们带来美好生活的同时更加要遵守汽车礼仪及相关要求，构建和谐的汽车文化生活。

诚信和礼仪是社会主义核心价值观的重要范畴。如何在驾驶和乘坐汽车时保持诚信和礼仪，也成为我们需要关注的问题。

一、诚信在汽车生活中的体现

在汽车生活中，诚信主要体现在以下几个方面：
（1）遵守交通规则：遵守交通规则是每一个驾驶者和行人的基本责任。无论是遵守速度限制，还是遵守红绿灯，都是对自己和他人生命安全的尊重。

(2)诚实守信:在汽车生产、销售、维修等业务中,商家不能弄虚作假,以次充好,需要保质保量完成工作,对消费者进行诚实守信的服务,履行约定的服务承诺等。

(3)尊重他人:在驾驶过程中,我们要礼让他人,不抢道,不鸣笛,不乱丢垃圾等。

二、礼仪在汽车生活中的体现

在汽车生活中,礼仪主要体现在以下几个方面:
(1)上下车礼仪:在上下车时,我们需要遵守一定的礼仪。礼让女士、老人或小孩。
(2)座位礼仪:乘坐汽车时,不抢座、不占座,给老弱或有需要的乘客让座。
(3)驾驶礼仪:在驾驶过程中,保持适当的车速,不随意变道,不使用手机等。

总的来说,诚信和礼仪是我们在汽车生活中必须遵守的基本原则。只有这样,我们才能确保自己的安全,也能让我们的汽车生活更加和谐、愉快。

第一节 汽车展览

汽车展览起源于法国。浪漫的法国人于1894年在巴黎香榭丽舍大街产业宫举办了一个"世界自行车、汽车博览会",当时有9家公司参加展出,展品有自行车、摩托车、蒸汽机汽车和汽油车。这次展览成为世界上最早的汽车展览,自此汽车展览在各地蓬勃发展。

如今,汽车展览已经成为汽车厂家展示新产品的舞台,车展上层出不穷的新车型、千奇百怪的概念车、琳琅满目的高档车以及浓厚的汽车文化氛围,吸引了千千万万的观众前去感受世界汽车工业跳动的脉搏。

一、世界五大国际车展

衡量某一车展是否为国际一流车展的主要依据是:
(1)参展商规模和级别、汽车展品的档次;
(2)首次亮相的新车、概念车的数量;
(3)展出面积、配套设施的先进性、完备性;
(4)主办方的服务质量;
(5)国内外媒体宣传报道量、观众数量和专业水平等。

经由世界汽车工业国际协会认定及国际社会普遍公认的美国北美国际车展、德国慕尼黑车展(原法兰克福车展)、瑞士日内瓦车展、法国巴黎车展、日本移动出行展(原东京车展)被誉为"五大国际车展"。它们皆具有历史性与自我特色,在汽车世界的舞台上各领风骚。

1 美国北美国际车展

美国北美国际车展始于1900年11月纽约汽车俱乐部举办的第一届世界汽车博览会,

后来辗转迁至汽车城底特律,1989 年才正式更名为"北美国际汽车展览会"。北美国际车展每年 1 月在美国底特律举行,至今已有一百多年的历史,是世界上历史最长、规模最大的车展之一,见图 4-1、图 4-2。由于此车展在每年年初举行,所以被誉为"全球汽车风向标"。

图 4-1 热闹的北美车展

图 4-2 北美车展上演示的移动出行设备

❷ 德国慕尼黑车展(IAA)

德国慕尼黑车展前身为法兰克福车展,起源于德国柏林车展,创办于 1897 年,1951 年从柏林移到法兰克福举办,展会在法兰克福举办了 70 年后,2021 年开始巴伐利亚州首府慕尼黑接替法兰克福,成为主办城市,见图 4-3。

图 4-3 德国慕尼黑车展

随着人类出行方式的转变,IAA 紧跟前沿趋势,从单一的汽车展会向全方位移动出行平台转型。IAA 每两年举办一次,时间多设在 9 月中旬开展,为期两周。作为世界规模最大的车展之一,德国车展有"世界汽车工业奥运会"之称,是五大车展中技术性最强的车展,也被誉为"最安静的车展"。其展出的车辆主要有轿车、跑车、商务车、特种车、改装车及汽车零部件等。

❸ 法国巴黎国际车展

作为浪漫之都的巴黎,它的车展如同时装一般时尚,总能给人以新车云集、争奇斗艳的感觉(图 4-4)。该车展起源于 1898 年的国际汽车沙龙会,直至 1976 年都是每年一届,

图 4-4 巴黎车展

此后改为每两年一届,时间在9月底至10月初举办。

4 瑞士日内瓦车展

瑞士没有自己的汽车工业,而日内瓦却承办着世界最知名的车展之一。日内瓦车展(图4-5)始于1905年,每年3月举行。虽然瑞士的汽车市场不大,但由于瑞士经济发达,所以日内瓦车展历来是豪华汽车及高性能改装车厂家的必争之地。日内瓦车展不仅档次高、水准高,更重要的是车展非常公平,没有任何歧视,因此广受好评。日内瓦车展是世界五大车展中最热闹的车展,被誉为"国际汽车潮流风向标"。

图4-5　日内瓦车展

5 日本移动出行展

面对来势汹汹的新能源转型,2023年东京车展更名为日本移动出行展(图4-6),更加关注包括电动化、智能化等新技术在内的未来智慧出行。东京车展创办于1954年,是亚洲最大的国际车展。展馆位于东京附近的千叶县幕张展览中心,是日本本土生产的各种千姿百态的小型汽车唱主角的舞台,但它对于世界汽车市场也有较深的影响,尤其对于亚洲汽车市场更有着重要的意义,被誉为"亚洲汽车风向标"。

图4-6　日本移动出行展

中国车展

二、中国车展

随着中国汽车消费市场的蓬勃发展,中国车展已经成为众多汽车品牌展示品牌实力与核心技术的最佳平台。国际汽车巨头纷纷借助这个舞台,让中国消费者对于汽车品牌有更加清晰的认知。本土的汽车品牌则可通过车展展现民族工业的飞速进步。在众多国内车展中,最具代表性的车展当属北京车展、上海车展、广州车展和成都车展。

❶ 北京车展

北京国际汽车展览会创办于1990年,每两年举办一届。北京国际汽车展览会自创办以来,规模不断扩大,展会功能逐步完善,展品品质逐届提高(图4-7),影响范围日趋广泛,北京车展已经成为全球A级车展。北京车展是国内规模最大、档次最高、展品最新、品牌最全的具有一定国际影响力的汽车展览会。它为我国汽车工业的发展、自主汽车品牌的创立与发展发挥了重要的作用,并为促进中外汽车业界的交流与合作、我国会展经济的快速发展做出了积极巨大的贡献。

图4-7 规模宏大的北京国际汽车展览会

❷ 上海车展

上海国际车展(图4-8)创办于1985年,是中国最早的专业国际汽车展览会,逢单数年举办,每两年举办一届。上海国际车展是中国第一个被国际博览联盟(UFI)认可的汽车展。伴随着中国及国际汽车工业的发展,上海国际汽车展已成为中国最权威、国际上最具影响力的汽车大展之一。

图4-8 上海车展

❸ 广州国际车展

广州国际汽车展览会(图4-9)创办于2003年,每年举办一次,是国内规模最大、品质最高的综合性专业汽车展览会之一。

图4-9　广州车展

珠三角地区经济发达,以广州、深圳为中心的广东市场一直是国内最大的汽车消费市场之一。广州车展凭借其得天独厚的产业与市场优势、专业权威的办展机构、科学细致的组织服务,已逐步成长为海内外汽车企业开拓中国市场、宣传企业形象的必选平台。

4 成都车展

作为西部地区规模最大、规格最高的年度汽车盛会,成都车展自1998年创办以来,不断锐意进取,坚持创新发展,现已从众多区域性车展中脱颖而出,稳居中国四大A级车展之列(图4-10)。

图4-10　成都车展

三、"侃"车展

在汽车产业蓬勃发展的今天,面对每年车展上只见人头不见车的盛况,我们禁不住好奇要问:逛车展,去看什么?

1 看点一:新车与车模

作为车展中当之无愧的主角,新车永远是焦点中的焦点,大众已很习惯地将车展作为新车亮相、上市的集散点。车展展出的许多新款汽车,一般很快就会上市。前去观看新车,可以大大满足好奇心。如果有意在近期买车,可提前观赏,并在现场对不同品牌多款新车进行实地对比,以便购买最适合自己的新车。

爱美之心人皆有之。为了吸引大众的眼球,几乎所有的新车都要配上靓丽抢眼的车模(图4-11),一些豪华品牌汽车更是要靠顶级车模来锦上添花。

图4-11 靓丽抢眼的车模

❷ 看点二:新车与新技术

制造商为了更好地赢得消费者的信任,通常在推出新车的同时,还向世人展示他们先进的技术优势。

前去看车的人有不少是专业观众,他们注重的是汽车的设计、造型以及技术指标。车展中,经常看到有人去拍一些新车很细节的部分,甚至有人会钻到汽车下边去拍照,目的就是获取更多新技术的信息。

在车展上,我们常常可以通过新车(图4-12)、概念车、零部件(图4-13)、模型等展品来了解最新的汽车技术。通过这些最新车型以及尖端技术,我们可以及时地了解世界汽车业的发展趋势。从最近几大国际车展的情况来看,绿色环保的新能源汽车已经成为世界汽车发展的新潮流。

图4-12 引领时代潮流的新能源汽车

图4-13 新能源汽车电池管理系统(BMS)

❸ 看点三:厂商与市场

在流光溢彩的车展背后,是各个厂商为了争夺汽车市场而进行的一场看不见硝烟的战斗。厂商是车展的主角,而市场却是一只无形的手,决定着厂商的命运。

看车展,只要仔细留意一下参展的厂商和现场的气氛,你就可以感知汽车市场的脉搏了。

❹ 看点四:娱乐与商业

在这个多元化的社会当中,娱乐与商业紧密地联系在了一起。为了吸引观众,每个厂商都把自己的展台(图4-14)布置得耳目一新,并在展台上开展各类娱乐活动。乐器演奏(图4-15)、舞蹈表演、歌唱表演、模特表演、有奖问答……各种形式的活动不但吸引了观众的眼球,也彰显了各大汽车厂商的企业文化和品牌价值,起到了极好的宣传效果。

车展文化是一种轻松而让人享受的文化,厂商在娱乐中宣传了自己的品牌,观众在娱乐中观摩了各式各样的汽车。娱乐与商业的完美结合,是车展的一大看点。

图4-14　东风日产启辰的个性展台

图4-15　车展中的乐器表演

第二节　汽车市场

一、汽车广告

汽车广告(图4-16)作为汽车营销的手段,是打开汽车市场之门的助推器。为了抢夺汽车市场,各大汽车公司越来越重视在广告方面的投入。精彩纷呈的汽车广告,不但承载着汽车市场的竞争,同时它的趣味性、创新性也处处体现了汽车文化的魅力所在。

1　汽车广告的形式

汽车广告的形式有很多种,包括户外广告(图4-17)、电视广告、网络广告、杂志广告、报纸广告等。不同形式的汽车广告有着不同的特点,因此汽车公司通常会采用多种广告方式去宣传同一款车型。

图4-16　模仿《泰坦尼克号》的场景,凸显汽车的大天窗

图4-17　极具创意的汽车广告

动感十足的电视广告可以表现车辆与众不同的外观和动力性能;报纸、杂志则能够详细介绍车辆的各种参数和相关配置;户外广告可以突出整车作为高档商品所独有的非凡气势;网络广告是一种速度快、效果好的高科技广告运作方式,与其他形式相比具有得天独厚的优势,是实施现代营销媒体战略重要的一部分,因此越来越受到汽车厂家的青睐。

2 汽车广告语

一条好的汽车广告宣传语,不但能深入人心,同时,也对打开市场、扩大销量有着极其巨大的作用。许多汽车品牌常常为一条好的广告语而绞尽脑汁。

现在多数汽车广告虽只有几个字,但却表达了汽车最核心的东西。这些广告语都代表着不同的市场定位和诉求,因此,也更容易打动消费者。

"车到山前必有路,有路必有丰田车。"——这则广告语被大家记住的同时,也让丰田车(图4-18)开到了中国的大街小巷。

"有朋远方来,喜乘三菱牌。"——这是三菱汽车在20世纪80年代开始使用的广告词,曾经在相当一段时间它被印刷到了机票的背面。

"拥有桑塔纳,走遍天下都不怕。"——上汽大众桑塔纳以这条通俗的广告让人心里踏实,因为其背后有上汽大众遍布全国各地的维修服务网络作为支撑。

"走富康路,坐富康车。"——这是瞄准家庭轿车市场的富康汽车的广告词。

以速度与激情著称的宝马汽车以龙马精神为主题的广告(图4-19)打动中国的消费者,得到中国客户的广泛认同。

图4-18　走遍世界的丰田汽车

图4-19　宝马汽车广告

"坐红旗车,走中国路。"——红旗汽车(图4-20)的广告语告诉我们,这是我们中国人自己的车,是民族的骄傲。

"她可爱吗?（IS IT LOVE?）"——如此可爱的MINI汽车(图4-21),难道你不心动吗?

图4-20　中国的红旗汽车

图4-21　可爱的MINI COOPER汽车

显然,一句与消费者价值观产生共鸣的广告语,将会增强消费者的好感,使其所代表的品牌为消费者所熟知,进而达到品牌和形象的传承。因此一个广告语被消费者接受,惠及的是汽车,乃至整个品牌。

③ 汽车广告的亮点

1) 亮点一:汽车文化

通过广告宣传汽车品牌,宣扬汽车文化和品牌底蕴,提升受众认可度往往是各大品牌营销的重中之重。奔驰、宝马和奥迪就多次爆发有趣的广告战。在全新 E 级上市之初奔驰发了宣战海报(图4-22)。海报中,奔驰借三国演义中关羽"过五关,斩六将"的典故,巧妙暗讽该车最大的竞争对手宝马的 5 系和奥迪的 A6,海报中的"5"和"6"则是分别点出了它的对手——5系和 A6,海报上关公横刀跃马,气势十足,威风凛凛,比喻奔驰 E 将横扫市场上的对手。

面对奔驰的挑战,宝马岂能坐视不理,率先做出回应(图4-23)。宝马以其人之道还治其身,借力打力,以关羽的结局回击——"大 E 失荆州,失 E 走麦城",巧妙运用"E"和"意"谐音,精准回击!海报中小字部以"无宝马,不英雄"再次点题,关羽座驾赤兔马,是极品宝马,以赤兔马自居的宝马,气势磅礴,彰显英雄风范。

图 4-22　奔驰宣传海报　　　　　　　　图 4-23　宝马海报

面对奔驰的请战书,奥迪也不甘落后,更是连发两张海报,作为回击(图4-24)。"'奥'视天下,岂可轻'迪'"巧妙运用谐音,描绘了国内的豪车市场犹如群雄逐鹿的三国时代,BBA 三分天下,奥迪作为当前国内中大型豪华车市场的老大,自然是"'奥'视天下",但豪强不断,"岂可轻'迪'",奔驰轻敌必将为此付出代价。奥迪表明自己江湖地位的同时,巧妙地将品牌名称元素融合起来,文案着实精彩。奥迪的第二张海报"此时无声胜有声",不需要任何的说明,那全世界都能一眼辨认出的 LED 大灯说明了一切。

这一波广告战,彰显了 BBA 的文化内涵,三家都取得了很好的营销效果,也成为汽车界的一段佳话。

2) 亮点二:汽车品牌

汽车市场的竞争,不但体现在销售和售后市场上,而且也存在于汽车广告宣传市场上,汽车广告的共同点是它们共同承载起对汽车品牌形象的传承。

代表尊贵的劳斯莱斯(图4-25)、代表稳重富裕的奔驰(图4-26)、代表财富与活力的宝马、代表粗犷可靠的福特野马(图4-27)等,这些有内涵的品牌都是经过上百年几代人的努力才形成的。这些品牌文化一旦形成,就极容易被大众认同,新产品也更容易被接受。这些根深蒂固的品牌文化让它们的产品真正与众不同,这想必是汽车巨头们百年不衰的法宝之一,因为只有文化才能源远流长。

图4-24　奥迪海报

图4-25　尊贵的劳斯莱斯

图4-26　稳重大气的奔驰

a)福特野马标志

b)野马GT汽车

图4-27　福特野马

3)亮点三:领先科技

现代汽车高科技的发展越来越迅速,研发时间大大缩短,一些概念性的新科技设备,经过一年的研发时间,便可以用在量产车型上。汽车科技的进步给我们的出行带来了方便,给我们的汽车生活增添了很多新的元素,它是吸引消费者购车的一大要素。因此,在汽车的广告宣传上,很多汽车企业开始将重心放在"科技"(图4-28、图4-29)这个诉求点上,以求得消费者的青睐。

图4-28 奥迪——突破科技,启迪未来

图4-29 马自达6的卖点——魅·力·科技

4)亮点四:生活方式

在国内,汽车已走进了普通家庭。对于大多数消费者来说,即使收入并不是很高,他们也乐于尝试各种不同的生活方式,愿意追逐最新的时尚潮流。无论是国产车,还是进口车,在中国的广告都开始推广某种生活方式、反映某种生活形态。例如,奔驰以"从心,认识奔驰"为口号,用中国元素打动中国消费者(图4-30),提升了客户的认同感。现代人们越来越倡导低碳生活,因此也有很多汽车以节能环保作为卖点,丰田普锐斯(图4-31)就是一个成功的例子。

图4-30 "从心,认识奔驰"——中国元素创意

图4-31 普锐斯——大自然的笑脸

二、新车市场

围绕着汽车工业的是一个巨大的产业链,汽车产业已经成为很多国家的支柱产业,各大

汽车公司在争夺新车市场中总是不遗余力。随着世界经济局势的变化，新车市场的格局也发生着相应的变化。

1 世界新车市场

世界汽车新车市场近年来一直处于快速发展和变化之中。从传统汽车制造商到新兴电动汽车公司，市场竞争日益激烈，消费者的需求也在不断演变。中国已成为全球最大的汽车生产国，美国、日本、印度和韩国分别位列第二至第五名。

拥有多样化的消费者需求和成熟的供应链体系的美国汽车市场一直是全球竞争最激烈的市场之一。在美国，虽然近年来电动汽车市场的份额逐渐增加，但传统燃油车仍然占据主导地位。未来，随着人们环保意识的提升和技术的进步，电动汽车在美国市场的份额将继续增长。欧洲汽车市场具有丰富的品牌多样性和成熟的技术水平。随着欧洲各国政府推出了严格的排放标准和环保政策，电动汽车开始在市场中占据重要地位。特别是在德国，作为汽车制造业的重要基地，电动汽车的研发和生产投入不断增加。未来，欧洲汽车市场将继续向电动化和智能化方向发展。新兴市场如印度、巴西等也开始逐步成为全球汽车市场的重要一环。这些市场拥有庞大的人口基数和增长潜力，吸引着全球汽车制造商的目光。随着经济的发展和消费者购买力的提升，这些市场将成为全球汽车行业的新的增长引擎。

未来，全球汽车市场将继续朝着电动化、智能化和网联化方向发展。随着电动汽车技术的成熟和成本的下降，电动汽车将逐渐取代传统燃油车成为主流。同时，氢燃料电池汽车也在逐渐发展，市场份额将逐步增加。智能驾驶技术的不断创新将提升汽车的安全性和便利性。汽车制造商将继续寻求全球供应链的优化，以降低成本并提高效率。总之，未来的汽车市场将充满挑战和机遇，技术创新、政策支持和消费者需求将共同塑造全球汽车产业的发展方向。

2 我国新车市场

我国是全球最大的汽车市场，我国新车市场拥有庞大的消费群体和增长潜力，长期以来一直保持着强劲的增长势头。消费者购车需求稳定，城市化进程和中产阶级的扩大都为汽车销售提供了稳定的市场基础。尤其是电动汽车市场快速崛起，我国已成为全球最大的电动汽车市场，新能源汽车渗透率不断提升，插混（含增程）车型需求旺盛。

智能汽车成为市场的新宠。消费者对于车载智能系统、自动驾驶技术、车联网等功能的需求逐渐增加。因此，许多汽车制造商开始加大在智能汽车领域的研发和投入，推出具有更多智能化功能的新车型。自主品牌市场占有率突破50%：自主品牌汽车在智能电动汽车领域取得领先地位，整车出口增长强劲。中国已成为全球第一大汽车出口国，同时高端车型市占率稳步扩大，消费者对高端配置的需求不断增加，体现了市场升级的趋势。

未来，我国新车市场有望继续保持稳健增长的态势，并在电动化、智能化和网联化等方面发展更加迅速。随着我国政府对于新能源汽车和智能汽车的支持政策持续推进，电动汽车和智能汽车将成为市场的主流产品。同时,消费者对于汽车品质、安全性和智能化功能的要求将不断提升,推动汽车制造商不断创新和提高产品竞争力。

三、汽车后市场

汽车后市场是指汽车销售以后,围绕汽车使用过程中的各种服务,它涵盖了消费者买车后所需要的一切服务。也就是说,汽车后市场是汽车从售出到报废的过程中,围绕汽车售后使用环节中各种后续需要和服务而产生的一系列交易活动的总称。它包括汽保行业、汽车金融行业、汽车IT行业、汽车养护行业、汽车维修及配件行业、汽车文化及汽车运动行业、二手车及汽车租赁行业。

❶ 汽车后市场的发展和地位

20世纪30年代初,汽车美容和养护业在英、美等发达国家开始起步,汽车后市场的雏形开始形成。第二次世界大战以后,经济的复苏使汽车工业飞速发展。同时,也使汽车美容和维护行业日益壮大,汽车已经不再采用"大拆大卸"的维修方式,而是采用"维护为主,视情维修"的方式,推行免拆维护,汽车后市场逐渐成形并走向成熟。

随着汽车市场的成熟,汽车市场的利润正转移到汽车后市场,汽车后市场成为汽车产业链中一个新的亮点。在整个汽车产业链的获利过程中,汽车后市场提供了最为稳定的利润来源,在美国被誉为"黄金产业",可占总利润的60%~70%。在中国,也有越来越多大中型城市的4S店,已经进入"新车销售不挣钱,售后才挣钱"的局面,说明中国汽车市场的经济结构重点已由前市场转向了后市场。

很明显,汽车后市场的发展是汽车市场持续成功的重要推动力,汽车后市场的服务企业开始成为汽车市场未来增长的关键点。越来越多的投资者将目光聚焦于汽车后市场,中国的汽车后市场对于投资者来说就像是一个亟待开发的金矿。

❷ 我国汽车后市场

汽车美容和养护业在我国兴起于20世纪90年代,随着轿车保有量特别是私家车保有量的增加,汽车美容和养护业开始被有车族所熟知,"七分养,三分修",以养代修的爱车新理念逐步被广大有车一族所接受。与英、美等发达国家相比,我国的汽车后市场总体水平相对落后,还只是停留在汽车后市场的初级阶段。

2002年后,伴随着我国汽车工业的发展、相关政策的调整与完善以及汽车保有量的迅速增加,中国的汽车后市场发展迅猛,市场前景十分看好。中国的汽车后市场行业是一个充满机遇、充满挑战的高利润及高竞争性的行业。

在中国,汽车后市场目前主要有以下五大渠道:一是汽车4S店(图4-32);二是传统大中型维修厂;三是汽车维修路边店;四是汽车专项服务店;五是品牌快修美容装饰连锁店。这五大渠道在面积大小、设备投资、人员素质、地点便利性、服务质量、服务时间和收费标准等方面各有千秋,短期可以共存。但随着市场的发展变化,经过逐步完善的汽车4S店和国际知名的品牌快修美容装饰连锁店已成为两大主要渠道(图4-33)。

图4-32　汽车4S店

图4-33　一站式服务店

随着汽车消费观念的转变,人们对汽车服务的认识已经发展到"个性化、人性化"的阶段,现代汽车消费者更加注重一站式服务过程的体验,包括汽车维护、汽车装饰、汽车音响、汽车安全、汽车电子、汽车改装、汽车金融、汽车救援、二手车服务等的汽车服务市场将向着一体化、品牌化、国际化的方向发展。

四、二手车市场

狭义的二手车市场是指机动车商品二次流动的场所;而广义的二手车市场是指与二手车买卖联系在一起的一群厂商或者个人。二手车市场是否活跃,可以直接反映出一个国家汽车市场的成熟程度。

1 国外二手车市场

在国外,一些汽车大国的汽车市场已经非常成熟了。在汽车保有量及人均保有量都很高的发达国家,二手车市场已经成为汽车市场举足轻重的组成部分。

在欧、美、日等汽车市场中,大多数的新驾驶人或第一次买车的消费者,都会选二手车(图4-34)。据统计,目前美国、德国、瑞士、日本的二手车销量分别是新车销量的3.5倍、2倍、2倍、1.4倍。

在发达国家汽车市场中,新车利润占整个汽车行业利润的20%,零部件利润约占20%,售后服务领域的利润约占60%,这其中包括二手车置换、维护修理等服务业务。美国二手车市场(图4-35)的发展尤为突出,二手车利润可占汽车行业总利润的45%,非常丰厚。通常,一辆新车的利润率不会超过5%,而一辆二手车的利润率则普遍超过20%。这与二手车经营主体的多元化、交易方式的多样化、交易手续的简便以及发达国家汽车保有量较大等因素有关系。

发达国家的二手车市场经过数十年的发展后已变得非常成熟和规范。首先是二手车市场的信息较为透明,从车辆自身状况到各种交易信息都非常容易获得,大大降低了二手车市场的交易成本。此外,二手车一般配有规范化的售后服务标准。通过技术质量认证,商家对出售的二手车质量予以保证,消费者可以享受到与新车相同的售后服务。因此二手车的经营在国外已经形成了品牌专卖、大型超市、连锁经营、旧车专营、旧车拍卖等多元化经营体制,其交易方式非常多样化。

图 4-34　日本二手车市场

图 4-35　分布广泛的二手车店(美国)

❷ 国内二手车市场

我国二手车市场从 20 世纪 90 年代初起步。1998 年出台的《旧机动车交易管理办法》将二手车交易定义为特殊商品流通进行管理,商务部等部委于 2005 年、2006 年先后发布了《二手车流通管理办法》和《二手车交易规范》,放宽了对二手车交易市场的限制,规范了二手车经营行为,二手车经营主体实现多元化,建立了二手车买卖双方自愿评估制度。2009 年更是出台了《汽车产业调整和振兴规划》,建立"二手车鉴定评估国家标准和临时产权登记制度"。2022 年国务院常务会议提出,要进一步释放汽车消费潜力,活跃二手车市场,促进汽车更新消费。商务部等 17 部门发布了《关于搞活汽车流通扩大汽车消费若干措施的通知》,对小型非营运二手车,全面取消迁入限制,转移登记实行单独签注、核发临时号牌,明确二手车商品属性。该通知还明确登记注册住所和经营场所在二手车交易市场以外的企业可以开展二手车销售业务。为了整治二手车行业存在的乱象,该通知还规定,自 2023 年 1 月 1 日起,对自然人在一个自然年度内出售持有时间少于 1 年的二手车达到 3 辆及以上的,汽车销售企业、二手车交易市场、拍卖企业等不得为其开具二手车销售统一发票,不予办理交易登记手续。

目前,我国二手车交易主要集中在经济发达、汽车保有量大的大中型城市,且流向趋势明显。北京(图 4-36)、上海两地的二手车交易市场是我国启动最早、交易量最大的市场。我国二手车流向呈现四大趋势:一是从城市流向乡镇;二是从东部流向西部;三是从经济发达地区流向经济相对落后地区;四是从高收入者流向中低收入者。汽车制造企业对二手车市场也越来越重视,纷纷开设二手车置换业务。一方面通过二手车置换业务,有力地促进了新车的销售;另一方面,通过二手车的销售,提高了经销商的利润。

目前,我国二手车市场进入全新的发展阶段,新型二手车企业以及汽车经销商集团正逐渐取代传统的个体与经纪模式,二手车交易方式也从私人交易为主转化为企业化经营。中国的二手车市场正朝着更规范、更有序、更健康的方向发展,政策的不断优化将进一步推动市场的繁荣。

第四章 汽车与生活

a)

b)

图 4-36 规模庞大的北京旧机动车交易市场

第三节 赛车运动

赛车文化

一、赛车运动起源

赛车运动是指赛车手按照比赛规则驾驶汽车在规定道路上展现汽车性能和驾驶技术的一种体育竞赛。它是赛车手和赛车交融的体育竞技,极具挑战性和观赏性,是人类挑战自我、挑战极限的精神和汽车科技发展的集中体现。

赛车运动是对速度的追求。回顾汽车发展历史,每次赛车运动都推动着汽车技术的发展,赛车运动中汽车速度记录的每一次改写,都成为汽车技术发展的里程碑。

1894 年,法国组织了一场汽车比赛,比赛线路从巴黎经里昂返回巴黎,全程 126km,共有 102 位车手申请参赛,但只有 21 位获准参赛,最终 15 位车手完成比赛。获得第一名的是一辆蒸汽机汽车,时速为 24km/h。赛后,产生了大批技术爱好者,他们积极参与赛车运动的同时,也带动着汽车产业的高速发展。

世界上最早进行的长距离汽车公路车赛事于 1895 年 6 月由法国汽车俱乐部和《小报》杂志社联合举办,线路为巴黎到波尔多的往返,全程 1178km。

美国第一次举办赛车比赛是在 1895 年 11 月 2 日,地点是在伊利诺伊州的芝加哥,赛道全长 54.36km。弗兰克·杜尔耶以 10h23min 的成绩赢得了最终的冠军,击败了另外三辆汽油车以及两辆电动汽车。

在之后的车赛中,为避免汽车在野外比赛(图 4-37)时扬起漫天尘土而影响后面车手的视线,甚至造成伤亡事件,比赛逐渐改在封闭的道路赛场和跑道上进行,这就是汽车场地赛的雏形。最早的汽车场地赛于 1896 年在美国的普罗维登斯举行。

为了吸引更多的人参加汽车比赛(图 4-38),使比赛更富刺激和挑战性,法国勒芒市在 1906 年举行了第一次真正意义上的场地汽车大奖赛。从此,汽车大奖赛成为世界体育舞台上一项非常重要的赛事,小城勒芒也因此闻名于世。

图 4-37　早期的野外汽车比赛

图 4-38　20 世纪初人们开车去看汽车比赛

如今,各种形式的汽车比赛已成为世界范围内一项影响较大的体育运动。多姿多彩的赛车运动,使这一冷冰冰的钢铁机器充满了柔情;同时,赛车运动激烈、惊险、浪漫、刺激,不仅使成千上万的观众为之痴迷,还使世界汽车技术发展日新月异。

1904 年 6 月 10 日,在赛车运动兴盛的法国成立了国际汽车联合会(Federation Internationale de L'Automobile),简称"国际汽联"或"FIA"。由它负责管理全世界汽车俱乐部和各种汽车协会的活动,总部原设在法国巴黎,2009 年移至瑞士苏黎世。

中国汽车运动联合会的前身为中国摩托运动协会,1975 年成立于北京,1983 年加入国际汽车联合会。1993 年 5 月汽车运动项目从中国摩托运动协会分离,正式成立"中国汽车运动联合会"。其主要任务是负责全国汽车运动的业务管理,组办国内外汽车比赛和体育探险活动,指导群众性活动,培训运动员、教练员和裁判员,参加国际交往和技术交流。中国汽车运动联合会是中国境内管辖汽车运动唯一的全国性组织。

二、赛车运动分类

赛车运动分为两大类——场地赛车和非场地赛车。

顾名思义,场地赛车就是指赛车在规定的封闭场地中进行比赛。它又可分为方程式赛、轿车赛、运动汽车赛、GT 耐力赛、短道拉力赛、场地越野赛、直线竞速赛等。

非场地赛车的比赛场地基本上是不封闭的,主要分拉力赛、越野赛、登山赛、沙滩赛、泥地赛等。

三、场地赛

1　方程式赛车

方程式原意是惯例、常规、准则,方程式赛车就是驾驶以共同的方程式(规则限制)所造出来的赛车进行比赛,是汽车场地比赛的一种。赛车必须依照国际汽车联合会制定颁发的车辆技术规则规定的方程式制造,包括车体结构、长度和宽度、最低质量、发动机工作容积、汽缸数量、油箱容量、电子设备、轮胎的距离和大小等。

方程式赛车运动包含了 F1、F3(图 4-39)、GP2、F3000、美国冠军方程式、福特方程式、雷诺方程式(图 4-40)、康巴斯方程式等。它们都属于方程式赛车的一种,只是各自的规范不同,F1 是 FIA 所制定的方程式赛车规范中等级最高的,也是最精彩、最刺激的比赛。

图 4-39　澳门格兰披治三级方程式(F3)大赛

图 4-40　雷诺方程式大赛

F1(图 4-41),"FIA Formula 1 Championship"的缩写,中文称为"一级方程式锦标赛"。它是方程式赛车中级别最高的比赛,也是目前世界上费用最贵、技术最高的比赛。首届一级方程式汽车大赛于 1950 年 5 月在英国银石赛场(图 4-42)举行。随着 F1 不断发展和完善,已经成为一项在世界范围极具影响力的比赛,并与"奥运会""世界杯足球赛"并称为世界三大体育运动。

图 4-41　F1 比赛

图 4-42　银石赛场

F1 大赛(图 4-43)的统筹工作,均由 FIA 安排。他们负责制定车赛的规则、拟定比赛时间表和选择赛车的场地等。F1 比赛的每个赛季由 16~17 站比赛组成,通常约在 3 月开跑,10 月底结束赛季,其赛场遍布世界各国。

❷ 非方程式场地赛

1)勒芒 24 小时汽车耐力锦标赛

勒芒位于法国巴黎西南约 200km 处,是一个人口约 20 万的商业城市。这个小城市能够

图 4-43　F1 比赛现场

闻名于世界，主要是因为自 1923 年开始（1936 年、1940—1948 年除外），每年 6 月举行的被称为最辛苦、最乏味的单项赛事——"勒芒 24 小时耐力锦标赛"。

一般耐力赛赛道总长度只有 500～1000km，而勒芒的总长约为 5000km。勒芒环形跑道全长 13.5km，其中绝大部分是封闭式的公用高速公路。在跑道上有一段约 6km 的直路，赛车在这段路上飞速驶过，速度可达到 390km/h。车手们在 24h 的比赛中，会有 6h 是在这段路上行驶，紧张得令人感到窒息，哪怕是稍有疏忽，后果都不堪设想。

不管勒芒的赛道多么艰险，也不管历史上发生过多少悲剧，每届勒芒大赛都在 6 月如期举行。一些汽车厂家不惜耗资数百万美元想在这项大赛中取胜，谁也不肯轻易放过利用这项大赛来提高公司声誉的机会。由于这项比赛给车手们的积分数相当于其他世界锦标赛的三倍，因此不断地吸引着越来越多的优秀赛车手来参加。

2）世界房车锦标赛

世界房车锦标赛（WTCC，图 4-44）是在享誉欧洲的欧洲房车锦标赛（ETCC）基础上发展起来的全新赛事，2005 年国际汽车联盟正式将其定名为世界房车锦标赛。它是国际汽车联合会（FIA）旗下与 F1 和世界拉力锦标赛齐名的国际赛车顶级赛事。

a)

b)

图 4-44　世界房车锦标赛

作为涵盖方程式和拉力赛的汽车赛事，F1 旨在专为比赛制造赛车，世界房车锦标赛则更关注挑战极限大自然。世界房车锦标赛是以在售的量产房车作为基础的比赛，在赛道上飞驰而过的炫酷赛车，都是我们日常驾驶的熟悉车型，比赛也因此变得更加的亲民、写实，更加贴近生活和车迷。

为了体现出比赛的公平竞争性，世界房车锦标赛赛事组委会对赛车规定了严格的条例。WTCC 的参赛车型必须以至少 4 座的量产型房车为基础，采用 4 缸发动机，排量不能超过 2L，而且必须采用自然吸气方式，最高转速不得超过 8500r/min，最大功率也被限定在 183～

198kW(250~270马力)之间。可采用5速或6速直齿手动变速器,轮辋尺寸不得超过9×17in,且每个车轮(不包括轮胎)的质量被限定在9kg之内。另外,制动盘的直径也不得超过296.5mm。

四、非场地赛

1 汽车拉力赛

汽车拉力赛(图4-45)是在一个国家内举行或者跨越国境举行的多日的、分段的长途汽车比赛。"拉力"来自英语rally,意思为集合。汽车拉力赛即把参赛的汽车集合在一起进行比赛,然后再集合、再比赛,反复进行,最后根据车手和车队各站比赛的总积分,排定年度冠军车手与冠军车队。

比赛的路面既有平坦的柏油公路,也有荒山野岭的崎岖山路。比赛时,路线上不断绝其他车辆通行,限定参赛汽车每天行驶的路程及到达时间。路线上设检查站检查赛车是否在规定时间内通过。这是一种既检验车辆性能和质量,又考验驾驶者技术的比赛。

图4-45　沙漠汽车拉力赛

参赛汽车须是批量生产的小轿车或经过改装的车。短的拉力赛需要几天,长者可持续几十天。拉力赛将出发地到终止地之间的路程分成若干个行驶路段和赛段,并在沿途设有给养站和休息站。在行驶路段行驶时,参赛汽车受到一定的时速限制,并须按规定时间抵达各路段的终点,既不能提前也不能拖后。行驶中要遵守当地的交通规则,违反者将被扣分。在赛段中,赛车可以全速行驶,有时车速高达200km/h以上。在整个拉力赛结束时,跑完全程累积时间最少和被扣分数最少的汽车和驾驶人为优胜者。

拉力赛始于1911年,在摩洛哥首都蒙迪卡罗举行的长途汽车比赛上,组织者首次把"Rally"作为长途汽车比赛的名称,并沿用至今。路程最长的是1977年举行的从英国伦敦到澳大利亚悉尼的拉力赛,全程超过31100km,共用时46天。目前世界著名的汽车拉力赛有欧洲的蒙特卡洛拉力赛(图4-46)和东非萨法里拉力赛(图4-47)等。

国际汽车拉力赛每年设有世界拉力锦标赛、欧洲拉力锦标赛、亚洲拉力锦标赛、非洲拉力锦标赛、中东拉力锦标赛等众多大型国际赛事。中国也有自己的拉力赛事——全国汽车拉力锦标赛(图4-48)。

2 汽车越野赛

汽车越野赛是汽车道路比赛项目之一,是在一个国家的公路和自然道路上举行的允许对该国进行考察的汽车比赛。经过几个国家的领土、总长度超过10000km或跨洲的比赛称马拉松越野赛。除国际汽车联合会特别批准外,越野赛的赛程不得超过15天,比赛必须在白天进行。采用单车发车方式。比赛每经过 10 个阶段后至少休息 18h。

图 4-46　蒙特卡洛拉力赛

图 4-47　东非萨法里拉力赛

图 4-48　全国汽车拉力锦标赛

每阶段的行驶距离自定,但每个赛段的最大长度,越野赛规定不超过 350km,马拉松越野赛规定不超过 800km。越野赛必须使用在国际汽联注册的全轮驱动汽车参赛。

1996 年国际汽车联合会首次对越野赛实行世界杯赛制,其中较著名的比赛有巴黎至达喀尔越野赛(图 4-49、图 4-50)、突尼斯国际汽车赛、巴黎至莫斯科至北京马拉松越野赛、阿拉伯联合酋长国沙漠挑战赛等。

图 4-49　2011 年达喀尔越野赛中的长城哈弗 SUV

图 4-50　达喀尔越野赛标志

五、其他赛车运动简介

1 卡丁车运动

卡丁车是诸多赛车种类中的微型赛车,外形小巧,结构简单,是赛车运动中级别最低的起步运动,是 F1 方程式比赛的"摇篮",在欧洲也称"迷你方程式"。

第四章　汽车与生活

卡丁车运动于 1940 年在东欧开始出现并逐渐推广，20 世纪 50 年代末才在欧美普及并迅猛发展，当时这种运动称为"高卡(GO KART)"。20 世纪 50 年代末，人们已不再满足于仅仅用卡丁车进行休闲娱乐，而是想把以竞速比赛为主要形式的卡丁车竞技活动也广泛开展起来。1962 年，由国际汽车联合会当任主席巴莱斯特创议成立了国际汽车联合会卡丁车委员会(CIK-FIA)，负责在世界范围内普及、促进卡丁车运动，监督实施统一的规则和技术标准。

经过近 16 年的演变，卡丁车委员会于 1978 年经改组成立了国际汽车联合会新的卡丁车委员会。从那时起，卡丁车运动有了很大的改变，形成了现代卡丁车运动（图 4-51、图 4-52）。卡丁车运动进入了一个新的发展时期，其中最具代表性的赛事是"全欧洲卡丁车锦标赛"和"日本世界杯锦标赛"。从此，卡丁车赛事成为培养现代汽车运动，尤其是方程式赛车车手的摇篮。

图 4-51　2009 年全国卡丁车大赛深圳分站赛

图 4-52　2008 年车王舒马赫参加国际卡丁车挑战赛

❷ 太阳能汽车赛

太阳能汽车大赛是近年来兴起的一种新型汽车运动，旨在推动太阳能汽车的研制。参加太阳能比赛的车队范围很广，包括汽车制造厂、电力公司、电气制造商、大学及俱乐部等。

澳大利亚太阳能汽车挑战赛（图 4-53、图 4-54）是世界上规模最大、距离最长的太阳能汽车大赛，参赛车手需驾车从澳大利亚最北部的达尔文市出发，沿斯图尔特高速公路行驶超过 3000km，抵达目的地——南部的阿德莱德市，中间只能使用太阳能动力。

图 4-53　参赛的密歇根大学的选手和车

图 4-54　比赛情景

该项挑战赛自 1987 年开始举办，其灵感来自丹麦冒险家、环保倡导者汉斯斯·索斯特洛普，他在 1982 年设计并建造了世界上第一辆太阳能汽车，并将其命名为"安静的到达者"。

首届赛事共有 23 支队伍参加,获胜者是由通用汽车公司赞助的一辆太阳能汽车,它的平均时速达到了 67km/h。

3 老爷车大赛

老爷车(图 4-55)也叫古典车,一般指 20 年前或更老的汽车。老爷车是怀旧的产物,是人们过去曾经使用的,现在仍可以工作的汽车。

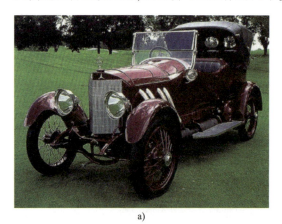
a)

b)

图 4-55 个性十足的老爷车

老爷车赛事在国外比较流行,也是很重要的一项活动。国外自发组织的老爷车赛事有很多,影响力最大的是在意大利举办的"Mille Miglia 老爷车大赛"(图 4-56)。此项赛事创办于 1977 年,每年举办一届。比赛中,选手们在环游意大利北部重镇布雷西亚之后,穿越德森萨诺等九座城镇,并途经圣马力诺共和国,抵达"永恒之城"——罗马。之后,选手们将面临更为艰巨的考验——在一天之内完成从罗马到布雷西亚长达 800km 的赛程。

除了"Mille Miglia 老爷车大赛"外,具有国际影响力的老爷车赛事还有"北京—巴黎老爷车拉力赛""路易威登老爷车中国之旅"(图 4-57)、"环游地球 80 天老爷车全球行拉力赛""老爷车环球拉力赛"和"伦敦—布莱顿老爷车比赛"等。

图 4-56 Mille Miglia 老爷车大赛

图 4-57 路易威登老爷车中国之旅

实训模块

1. 选取近四年来的某一个知名车展,搜集相关资料,设计一个 ppt,然后用多媒体向同学介绍该车展的情况。

2.参考本书或者网络、电视上的汽车广告,给某个新车型重新设计一个汽车广告,要求:

(1)设计一个新颖的汽车广告语;

(2)选择合适的广告形式;

(3)突出该车的特点;

(4)可采用文字叙述、绘画、ppt、手抄报等方式呈现。

3.请同学们以"汽车运动之美"为主题,自拟题目,设计一份手抄报。要求:排版合理,主题突出,力求设计上有新意。

思考与练习

一、填空题

1.国际五大车展是指_____车展,_____车展,法国巴黎国际车展,瑞士日内瓦车展,_____。

2.中国汽车服务市场将向着_____,_____,_____的方向发展。

二、判断题

1.北京车展是每年举办一次。　　　　　　　　　　　　　　　　　　(　　)

2.日内瓦车展是世界五大车展中最热闹的,被誉为国际汽车潮流风向标。(　　)

3.勒芒24小时耐力赛是方程式比赛。　　　　　　　　　　　　　　(　　)

三、选择题

1.汽车展览起源于(　　)。

　　A.美国　　　　B.英国　　　　C.法国　　　　D.中国

2.中国第一个被国际展览联盟认可的汽车展览是(　　)。

　　A.上海国际车展　　　　　　B.广州国际车展

　　C.北京国际车展　　　　　　D.长春国际车展

3.1904年6月10日在赛车运动兴盛的(　　)成立了国际汽车联合会。

　　A.美国　　　　B.英国　　　　C.法国　　　　D.中国

4.首次一级方程式赛车在(　　)举行。

　　A.银石赛道　　B.上海赛道　　C.蒙扎赛道　　D.圣马力诺伊莫拉赛道

四、问答题

1.在汽车生活中,诚信主要体现在哪几个方面?

2.在汽车生活中,礼仪主要体现在哪几个方面?

3.中国新车市场近年来呈现什么特征?

4.汽车后市场是的概念是什么?它包括什么行业?

5.汽车运动的类型有哪些?何为方程式赛车?

第五章

汽车安全与环保

知识目标
1. 了解汽车的安全技术与安全评价体系;
2. 了解汽车与环保的关系。

能力目标
1. 能够识别汽车上的主动安全和被动安全装置,并说明其功能;
2. 能够叙述汽车工业为实现双碳目标,保护环境所采取的各种技术路线。

素养目标
1. 了解汽车排放控制技术,提高环保意识;
2. 养成遵守交通规则安全驾驶的习惯,提高法治意识;
3. 了解我国的双碳目标,注重生态文明。

建议学时
6学时。

汽车工业的发展带来了便捷的交通,推动了社会经济的发展,但同时也带来了严重的安全、交通拥堵和环境污染问题。

法治是保障汽车安全和环保治理的重要手段。只有通过法治手段,我们才能有效地解决汽车安全和环保治理的问题,为人民群众创造一个安全、和谐的交通环境。

第一节 汽车安全

随着社会的发展,汽车的普及,交通安全问题越来越凸显出来,如何最大程度保证人们的交通出行安全,减少交通事故造成的损失已经成为汽车发展的重要课题。汽车的安全技术越来越受到汽车生产企业的重视,传统的汽车安全理念也发生了巨大的变化。这就要求我们在出行过程中不仅要严格遵守交通法规,提高安全意识;汽车必须装备一定的安全装置,预防和减少事故的发生。目前,汽车上装备的安全技术主要有被动安全技术和主动安全技术两种。

被动安全技术一般指在事故发生过程中可以最大程度保护人员和车辆安全,降低人员和车辆损伤的技术。主动安全技术是指可以有效预防或者防止事故发生的安全技术。

一、被动安全技术

1 安全带

安全带是20世纪50年代开始作为选装件装备在汽车上的,直到现在,它仍然是最基本的乘员保护装置。它的作用在于能够在正面碰撞、后面碰撞、有角度碰撞以及翻车事故发生时防止驾乘人员从座位上甩出,降低驾乘人员受伤的风险。

目前,在安全带的设计过程中引入了许多先进技术,从而使工程师能够根据车辆的构型对安全带系统进行设计,如预紧式安全带、膨胀式安全带(图5-1)等。

2 安全气囊

安全带是最基本的驾乘人员保护装置,而安全气囊(图5-2)则是可提高对驾乘人员的保护效果的辅助安全装置,它可大大降低中等乃至严重正面碰撞时驾乘人员受伤的风险。

图5-1　膨胀式安全带对照普通安全带

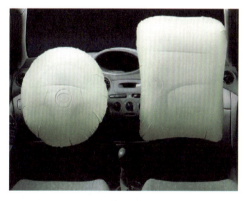

图5-2　安全气囊

安全气囊的结构主要由传感器、气体发生器、气囊系统三大部分组成。传感器检测汽车发生碰撞时的车速、冲击参数;气体发生器根据传感器指令释放高压气体,或引爆固体燃料,瞬时产生高压氮气或氩气并迅速向气囊充气,使气囊膨胀,从而达到保护驾乘人员的目的。

3 安全车身

为了减少汽车碰撞时驾乘人员的伤亡,安全车身(图5-3)采用了溃缩区和乘员保护区相配合的基本思路,在设计车身时着重加固乘客舱部分。位于车前后的是可溃缩车体,当汽车碰撞时,头部或尾部被压扁变形,同时吸收碰撞能量,而乘客舱不产生变形以保证驾乘人员安全。

4 儿童安全装置

儿童安全是汽车安全设计所要考虑的重要方面。根据儿童的身体比例,设计儿童专用的安全带和安全座椅(图5-4),使他们可以持久、直接地被绑缚在车辆座椅上。事故统计数字表明,当儿童坐在位于后排座的儿童安全座椅上时,他们能够得到最好的保护。

图5-3 安全车身

图5-4 儿童安全座椅

5 驾乘人员头颈保护系统

驾乘人员头颈保护系统(图5-5),一般设置于前排座椅。当轿车受到后部的撞击时,头颈保护系统会迅速充气膨胀起来,其整个靠背都会随驾乘人员一起后倾,使整个背部和靠背安稳地贴近在一起,靠背则会后倾以最大限度地降低头部向前甩的力量,座椅的椅背和头枕会向后水平移动,使身体的上部和头部得到轻柔、均衡地支撑与保护,以减轻脊椎以及颈部所承受的冲击力,并防止头部向后甩所带来的伤害。

图5-5 驾乘人员头颈保护系统

6 行人保护装置

汽车安全不仅要保护车内驾乘人员,同时也要保护行人安全,因此车辆防撞技术也开始将行人保护列为重点发展目标。

行人保护的被动安全技术主要有两个方面:

(1)设计出发动机舱盖机械系统(图5-6),使得在汽车碰撞时发动机舱盖机械系统迅速鼓起,人体可以避免与之发生硬碰硬的撞击,而是碰撞在柔顺与圆滑的表面上,减少了被撞人受伤的可能或程度。同时采用高密度泡沫材料和新设计结构的前保险杠,减小对行人膝、腿的冲击力,使其免受严重的伤害。

（2）增加行人安全气囊（图5-7）。行人安全气囊可以进一步避免人体撞击汽车前风窗玻璃,以免在强烈碰撞下行人和车内驾乘人员受到更大伤害。福特的行人安全车采用两种安全气囊:一是发动机舱盖气囊,可以保证儿童头部和成人腿部的安全；二是前围安全气囊,提供两次碰撞保护,防止行人被甩到发动机舱盖上后头部被前窗底部碰伤。

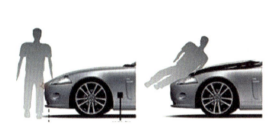
图5-6　爆发式行人撞击发动机舱盖抬升系统

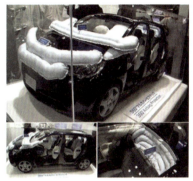
图5-7　行人安全气囊

二、主动安全技术

❶ 防抱死制动系统（ABS）与牵引力控制系统（TCS）

在紧急制动时,需要让汽车快速停下来,但是巨大的制动力容易使车轮发生抱死的状况——前轮抱死会使汽车失去转弯能力,后轮抱死则容易发生甩尾事故等。安装ABS就是为解决制动时车轮抱死的问题,从而提高制动时汽车的稳定性及较差路面条件下的汽车制动性能。

ABS通过传感器侦测各车轮的转速,由计算机计算出当时的车轮滑移率,判断车轮是否将要抱死,再命令执行机构调整制动压力,使车轮处于理想的制动状态（快抱死但未完全抱死）。ABS能在紧急制动状况下,保持车辆不被抱死而失控,维持转向能力,避开障碍物（图5-8）。在一般状况下,ABS并不能缩短制动距离。

TCS又称循迹控制系统。汽车在起步或急加速时,驱动轮也有可能打滑,在冰雪等光滑路面上还会使方向失控而造成危险。TCS依靠电子传感器探测车轮驱动情况,不断调节动力的输出,从而使车轮不再打滑,提高加速性与爬坡能力。

❷ 电子制动力分配系统（EBD）

EBD必须配合ABS使用（图5-9）,在汽车制动的瞬间,分别对四个轮胎附着的不同地面进行感应、计算,得出摩擦力数值,根据各轮摩擦力数值的不同分配相应的制动力,避免因各轮制动力不同而导致的打滑、倾斜和侧翻等危险。

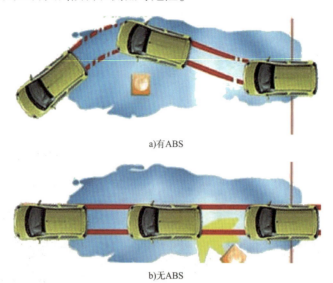

a) 有ABS

b) 无ABS

图 5-8　安装 ABS 前后避障的区别

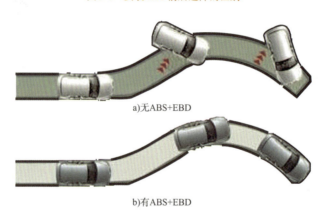

a) 无ABS+EBD

b) 有ABS+EBD

图 5-9　ABS + EBD 的制动效果

3　电子稳定装置(ESP)

ESP 是一种牵引力控制系统,不但控制驱动轮,还可以控制从动轮。如后轮驱动汽车常出现转向过度的情况,此时后轮会失控而甩尾,ESP 便会通过对外侧前轮的适度制动来稳定车辆(图 5-10)。转向不足时,为了校正循迹方向,ESP 则会对内侧后轮制动,从而校正行驶方向。

图 5-10　安装 ESP 前后的差别

4　紧急制动辅助系统(EBA)

计算机根据制动踏板上侦测到的制动动

作,来判断驾驶人对此次制动的意图,如属于紧急制动,则指示制动系统产生更高的油压使 ABS 发挥作用,从而使制动力更快速地产生,缩短制动距离。

5 车道偏离预警系统(LDWS)

LDWS 提供智能的车道偏离预警,在无意识(驾驶人未打转向灯)偏离原车道时,能在偏离车道 0.5s 之前发出警报,为驾驶人提供更多的反应时间,大大减少了因车道偏离引发的碰撞事故(图 5-11)。此外,使用 LDWS 还能纠正驾驶人不打转向灯的习惯。该系统的主要功能是辅助过度疲劳或长时间单调驾驶引发的注意力不集中等情况。

a)

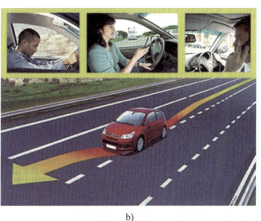
b)

图 5-11 车道偏离预警系统

6 胎压监控系统

当前,很多乘用车辆都配备了胎压监控系统(图 5-12)。驾驶人可以通过车内提示警告系统来判断轮胎胎压情况是否正常,既避免了因轮胎亏气出现的行车跑偏,又是在高速行驶时对驾乘人员安全的一种保障。

7 倒车警告/倒车影像/车外摄像头

倒车警告用于驾驶期间以及驻车时,针对视野盲区中的轿车或物体,向驾驶人发出警告。通常,该系统会在行车时进行响应;它可能会使后视镜内的一个警告标记进行闪烁,同时会发出声音警告(图 5-13)。该系统是一个短程检测系统。

a)   b)

图 5-12 胎压监控系统

图 5-13 倒车警告系统

倒车影像和后视摄像机是一体的,它不仅保护车体,还能避免在倒车时意外伤及行人和动物。倒车时的保护措施已经从向下倾斜后视镜或发出声音警告发展到实时查看。新一代技术包括一个摄像机,它可以与导航系统协同工作,对汽车后方的一切进行广角拍摄,然后反映在车内屏幕上,从而帮助驾驶人倒车或挂接拖车。

⑧ 自动感应前照灯

自动感应前照灯系统可对车辆周边环境光线进行自动识别判断。雨雾天气光线不够,前照灯会自动亮起,给驾驶人提供更安全的行车环境。后期厂家又开发出自适应前照灯系统,该系统可使前照灯实现智能转向(图 5-14)。也可以采用车速感应式车灯(可以改变光束的长度或高度),或者对环境光进行补偿。

⑨ 夜视辅助系统

夜视辅助系统(图 5-15)可以有不同的形式,如基本的红外线前照灯或热成像摄像机。但是无论采用何种科技,作用都一样:在夜间或者视线不明的情况下,帮助驾驶人看清更远处的路面,使驾驶人能够更快地辨别出道路上的动物、人或树木。图像在驾驶室中的显示屏上形成,使肉眼难于看清的障碍物体提前被驾驶人掌控。

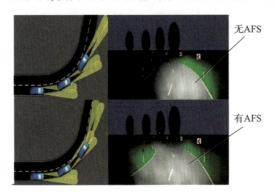

图 5-14 自适应前照灯系统

图 5-15 汽车夜视辅助系统

⑩ 防碰撞预警系统(AWS)

AWS 是一个预防和缓和意外事故的驾驶辅助系统(图 5-16),该系统在危险发生前给驾驶人提供及时的声音和视觉报警。资料表明,驾驶人的人为因素导致的公路交通事故率最高。在这些人为因素中,疲劳驾驶和精神分散是重要原因之一。研究显示,若在公路交通事故发生前的 1.5s 给驾驶人发出预警,则可避免 90% 的这类事故。因此,通过在汽车上安装汽车防碰撞预警系统,利用技术手段分析车道、周围车辆的状况等驾驶环境信息,一旦当驾驶人发生疲劳及精神分散,导致汽车出现无意识的车道偏离以及车距过近,存在追尾可能时,能够及时给予驾驶人主动预警,是减少公路交通事故行之有效的技术措施。

⑪ 主动防追尾系统

主动防追尾系统是在车辆的前端装上传感器、雷达、摄像机等设备,能够自动探测出与前车的距离,并与本车的制动、灯光等系统联动,当跟车距离低于安全距离时,系统会在零点几秒内启动,以强制拉大跟车距离。

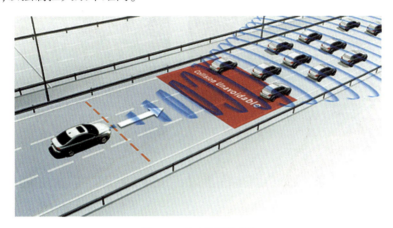

图 5-16　防碰撞预警系统

随着电子科技的发展,各种汽车智能安全系统也开始发展起来,主要是通过由雷达和摄像机组成的"预知传感器",对行车危险进行判断并帮助驾驶人进行处理。这一系统能够在汽车与其他物体发生碰撞前的瞬间,自动进行干预以保证安全。

三、新车安全评价体系

1 新车安全评价体系

新车安全评价体系(NCAP)是一个行业性组织,它定期对企业送来的或者市场上新出现的车型进行碰撞试验,它规定的实车碰撞速度往往比政府制定安全法规的碰撞速度要高,从而在更加严格公正的碰撞环境下评价车辆的安全性能。尽管 NCAP 不是政府强制性实验,但由于它标准科学,试验严格公正,因而受到各汽车公司的高度重视。其中,欧洲的 NCAP 最具有影响力和代表性。它由欧洲各国汽车联合会、政府机关、消费者权益组织、汽车俱乐部等组织组成,由国际汽车联合会(FIA)牵头。欧洲 NCAP 不依附于任何汽车公司,所需经费由欧盟提供,每年都组织几次试验,不定期对已上市的新车和进口车进行碰撞试验。

碰撞试验正面碰撞和侧面碰撞。正面碰撞速度为 64km/h,侧面碰撞速度为 50km/h。碰撞测试成绩由星级(★)来表示,共有五个星级,星级越高表示该车安全性能越好。

近年来,又增加了车辆对被撞行人的安全保护程度的测试,并将结果划分为 4 个等级:★★★★分数为 28~36 分,★★★分数为 19~27 分,★★分数为 10~18 分,★分数为 1~9 分。

欧盟 NCAP 组织建于 1997 年,现在已经成为欧洲汽车消费者购买安全汽车的参考标准。根据欧洲的法律,任何新车型在出售之前都要经过某些特定的安全测试才能投放市场。虽然法律提供了新车安全标准的最低限度,但欧盟 NCAP 组织的目的在于鼓励汽车公司的汽车能够达到并超过这些最低限度的安全标准。欧盟 NCAP 的测试项目包括:

(1)正面 40% 重叠可变形壁障撞击测试(车速为 64km/h,图 5-17)。

(2)可变型壁障侧面撞击(图 5-18)。吊车被牵引以时速 50km/h 撞击驾驶室的一面,以模拟侧面撞击的效果。

图 5-17　欧盟 NCAP 正面碰撞测试

图 5-18　欧盟 NCAP 侧面碰撞测试

(3)行人安全测试(图 5-19)。这是一系列模仿涉及儿童以及成年人车祸的测试。车辆时速为 40km/h,评分有良好、差、极差三类。

(4)驾驶人头部保护安全测试(图 5-20)。该测试主要针对车祸中致命率较高的侧面撞击,乘坐者头部遭受侧面撞击车辆的损害所作出的安全防范测试。因 1/4 的致命伤害是由于侧面撞击造成的,为了鼓励汽车公司改进乘坐者头部的保护装置,该可选测试主要是针对车辆侧面气囊的安全考核。在测试中,车辆以 29km/h 的速度从侧面向一根坚硬的杆状物撞去,杆的直径为 254mm。

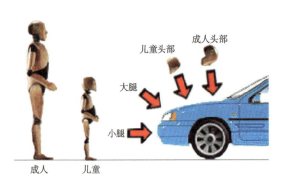
图 5-19　NCAP 行人保护测试

图 5-20　NCAP 驾驶人头部保护安全测试

2　我国新车安全评价体系

中国汽车技术研究中心在深入分析和研究国外 NCAP 的基础上,结合我国的汽车标准法规、道路交通实际情况和车型特征,进行广泛的国内外技术交流和实际测验,确定了中国新车安全体系(C-NCAP)的试验和评分规则。与我国现有汽车正面和侧面碰撞的强制性国家标准相比,C-NCAP 不仅增加了偏置正面碰撞试验,还在两种正面碰撞试验中在第二排座椅增加假人,设置了更为细致、严格的测试项目,技术要求也非常全面。C-NCAP 对试验假人及传感器的标定、测试设备、试验环境条件、试验车辆状态调整和试验过程控制的规定都比国家标准更为严谨和苛刻,与国际水平一致。

　　C-NCAP 的评分项目包括三项测试:正面 100% 重叠刚性壁障碰撞试验(50km/h,图 5-21);正面 40% 重叠可变形壁障碰撞试验(56km/h,图 5-22);可变形壁障侧面碰撞试验(50km/h,图 5-23)。另外包括两个加分项:安全带提醒装置及侧面安全气囊和气帘。

图 5-21　刚性固定壁障 100% 重叠率的正面碰撞

图 5-22　可变形壁障 40% 重叠率的正面偏置碰撞　　　图 5-23　可变形移动壁障侧面碰撞

　　C-NCAP 试验的总分是 51 分,其中,正面 100% 重叠刚性碰撞试验 16 分;正面 40% 重叠可变形壁障碰撞试验 16 分;可变形壁障侧面碰撞试验 16 分;安全带提醒装置 2 分;侧面安全气囊和气帘 1 分。根据试验数据计算各项试验得分和总分,由总分来评定星级。评分规则非常细致、严格,最高分为 51 分,星级最高为五星级,最低为一星级。

第二节　汽车与环保

　　汽车是推动人类社会发展的重要工具,汽车在给我们带来便利的同时,也带来了一系列的环境问题。目前人类主要面临十大全球环境问题:全球气候变暖、臭氧层的耗损与破坏、酸雨蔓延、生物多样性减少、森林锐减、土地荒漠化、大气污染、水污染、海洋污染和危险性废物越境转移。

随着全球气候变化问题日益严重,碳达峰和碳中和已经成为全球共同的目标。汽车行业作为全球碳排放的重要来源,其环保问题尤为突出。

一、碳达峰与碳中和的概念

碳达峰是指某个地区或行业年度二氧化碳排放量达到历史最高值,然后经历平台期进入持续下降的过程。而碳中和则是指通过使用低碳能源取代化石燃料、植树造林、节能减排等形式,以抵消自身产生的二氧化碳排放量,实现正负抵消,达到相对"零排放"。

二、碳达峰、碳中和与汽车行业

在实现碳达峰和碳中和的过程中,需要通过各种技术路线使清洁能源落地。当前,纯电动、混合动力、氢燃料电池是新能源汽车的主要技术路线。在法治的框架下,通过制定严格的标准,加大监管力度,推动新能源汽车的发展,以实现汽车工业的环保目标。同时,我们也需要提高公众的环保意识,引导消费者选择环保型汽车,共同推动汽车工业的可持续发展。

新能源汽车作为汽车工业的重要发展方向,具有明显的环保优势。首先,新能源汽车的零排放特性减少了尾气排放对大气环境的污染。其次,新能源汽车采用了先进的能量管理系统,能够更有效地利用能源,减少能源消耗和浪费。

汽车工业实现减排目标不仅需要技术的创新,还需要政策的引导和市场的推动。只有当这些因素相互配合,才能真正实现汽车行业的绿色发展,为全球的碳达峰和碳中和做出贡献。

三、汽车排放

汽车发动机的排气(图5-24)是城市大气污染的主要原因,因此,控制发动机排放污染物是当前治理城市大气污染的主要研究方向之一。

a) 　　　　　　　　　　　　　　　b)

图5-24 汽车尾气污染

汽车发动机排放的物质种类主要是一氧化碳(CO)、碳氢化合物(HC)、氮氧化物(NO_x)和微粒(PM),这些气体是对人体有危害的。其中,一氧化碳(CO)会使人体血液输氧能力降低、神经中枢受损,严重时危及生命;碳氢化合物(HC)会刺激人的鼻、眼和呼吸道黏膜,引发呼吸道疾病;氮氧化物(NO_x)会刺激人眼黏膜,对神经中枢有抑制作用,使呼吸系统失调,引发疾病;微粒(PM)是气固态的物质颗粒,因表面吸附多种有毒、致病、致癌或致命物质而具有危害性。

同时,汽车排放的尾气扩散到空气中,对环境也会造成巨大的破坏,如温室效应、光化学烟雾、酸雨、臭氧层的破坏等。

1 温室效应

二氧化碳(CO_2)气体具有吸热和隔热的功能,当其浓度达到一定值时,会使太阳辐射到地球上的热量难以向外层空间发散,其结果是形成了温室效应(图5-25),使地球表面变热。

目前汽车广泛采用石油产品作燃料,会产生大量的CO_2气体。随着汽车保有量的大幅度增加,空气中排放的CO_2也在不断增加。如果大气中CO_2的浓度增加一倍,温室效应将造成地球气温上升1.5~4.5℃。地球温度的升高还将导致两极冰川(图5-26)的融化及海水的膨胀,海平面随之升高,许多地区将会被淹没;同时全球气候会更加反常,土地干旱,沙漠化(图5-27)面积增大,地球生态环境将遭到严重破坏。这都将威胁人类的生存环境。20世纪60年代末,由于温室效应的影响,非洲撒哈拉牧区曾发生持续6年的干旱,由于缺少粮食和牧草,牲畜被宰杀,饥饿致死者超过150万人。

图5-25 温室效应

图5-26 两极冰川融化

图5-27 沙漠化

温室效应和全球气候变暖已经引起了世界各国的普遍关注,改善汽车排放,减少CO_2的排放已经成为大势所趋。

2 光化学烟雾

大气中的碳氢化合物(HC)和氮氧化物(NO_x)等一次污染物,在阳光的作用下发生化学反应,生成臭氧(O_3)、醛、酮、酸、过氧乙酰硝酸酯(PAN)等二次污染物,参与光化学反应过程的一次污染物和二次污染物的混合物所形成的烟雾污染现象叫作光化学烟雾(图5-28)。

光化学烟雾对人体健康有较大危害,除刺激眼睛外,还会引发鼻炎、肺炎、头痛、恶心等,严重者还会出现呼吸困难、视力衰退、头晕目眩、手足抽搐的现象。同时,光化学烟雾对动物的健康以及植物的生长产生损害,使生态受到破坏;其所含的化学物质会加速橡胶制品的老化和龟裂,腐蚀建筑物和衣物,影响材料的质量;它还会明显地降低大气的能见度,妨害汽车与飞机等交通工具的安全运行,导致交通事故增多。

20世纪40年代之后,随着全球工业和汽车业的迅猛发展,光化学烟雾(图5-29)污染不断在世界各地出现,如洛杉矶、墨西哥城、东京、大阪、伦敦、巴黎及我国的北京、南宁、兰州等。

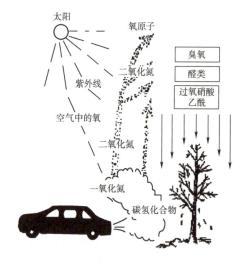

图5-28 光化学烟雾的形成　　　　　图5-29 光化学烟雾

1997年夏季,拥有80万辆汽车的智利首都圣地亚哥也发生了光化学烟雾事件。由于光化学烟雾的作用,迫使政府对该市实行紧急措施:学校停课,工厂停工,影院歇业,孩子、孕妇和老人被劝告不要外出,使圣地亚哥处于"半瘫痪状态"。

光化学烟雾的频繁发生已造成了巨大危害,控制汽车排放已经成为减少光化学烟雾的途径之一。

3 酸雨

酸雨是指pH值小于5.65的酸性降水。酸雨主要是人为地向大气中排放大量酸性物质,雨水被大气中存在的酸性气体污染造成的。其中汽车排放的尾气是形成酸雨的重要原因。酸雨危害巨大,它会诱发各种呼吸道疾病、破坏生态环境(图5-30)、腐蚀建筑材料(图5-31),因此被人称为"空中死神"。

我国的酸雨主要是因大量燃烧含硫量高的煤而形成的。但近年来,我国各种汽车数量猛增,汽车尾气对酸雨的贡献正在逐年上升,因此汽车的节能减排对控制酸雨意义重大。

第五章　汽车安全与环保

图 5-30　被酸雨破坏的森林

a)腐蚀前　　　　　　b)腐蚀后

图 5-31　被酸雨腐蚀的雕像

❹ 减少汽车排放污染的措施

1）政府部门加强管理，减少汽车排放

为了解决汽车带来的废气污染问题，各国相继对汽车排放的有害物质提出了严格的排放标准。自 1992 年欧盟出台"欧Ⅰ"排放标准以来，汽车排放的标准不断提高。我国参照联合国欧洲经济委员会（ECE）的排放标准，制定出符合中国国情的排放标准。我国公布了实施国六排放标准的时间表（图 5-32），第一阶段，自 2020 年 7 月 1 日起，所有销售和注册登记的轻型汽车都应符合国六标准，其中Ⅰ型试验（常温下冷起动后排气污染物排放试验）应符合 6a 阶段限值要求；第二阶段，自 2023 年 7 月 1 日起，所有销售和注册登记的轻型汽车都应符合国六标准，其中Ⅰ型试验应符合 6b 阶段限值要求。除了制定严格的排放标准，我国还利用税收政策鼓励提前达到国家标准的生产企业，对于不符合要求的车辆停止销售和注册，以引导汽车企业积极进行技术改进。

国六排放标准全国实施时间		
标准阶段	车辆类型	实施时间
6a 阶段	燃气车辆	2019 年 7 月 1 日
	城市车辆	2020 年 7 月 1 日
	所有车辆	2021 年 7 月 1 日
6b 阶段	燃气车辆	2021 年 7 月 1 日
	所有车辆	2023 年 7 月 1 日

图 5-32　国六标准实施时间表

此外，政府部门应严格执行国家质量技术标准，控制燃油的标准，淘汰劣质燃油；加强交通管理，解决拥堵问题，减少燃油的浪费和排放物的增加；改善交通设施，鼓励大力发展公交、地铁、城市轻轨等交通工具，以减少汽车使用量。

2）汽车制造企业加强汽车减排技术的研究

为了适应排放标准的变化以及汽车节能环保的趋势，汽车制造企业应加强减排技术的研究。

(1) 提高燃油品质。研究开发新的代用燃油,提高燃油品质。对于汽油来说,主要是实现汽油无铅化和降低含硫量。

开发代用燃料是目前解决汽车尾气污染的重要措施。开发的代用燃料主要有压缩天然气、氢气、液化石油气、甲醇、乙醇等,也称为清洁燃料。这些清洁燃料可以减少30%以上的有害气体排放量。

(2) 改善现有发动机的减排技术。改善现有发动机减排技术是汽车实现环保的重要途径。如汽油机缸内直喷技术(FSI)可以改善混合气的形成,让气体充分燃烧,减少废气排放。还可以在排气管内装三元催化转换器(图5-33),减少发动机排出的有害物质。

(3) 采用新的动力装置。一是发展纯电动汽车;二是发展混合动力汽车和燃料电池电动汽车。

图5-33　三元催化转换器

(4) 汽车轻量化和减少空气阻力。使用比钢铁更轻的高强度材料(图5-34),减少由于车身以及零件结构不合理所产生的材料浪费,采用空心结构等都可以实现车的轻量化。而采用流线型的车身(图5-35)可以减少汽车行驶的空气阻力。实现汽车轻量化,减少空气阻力都可以降低燃料的燃烧,减少排放。

图5-34　碳纤维驾驶室　　　　　　　　图5-35　流线型车身

(5) 汽车零部件采用可回收原材料。汽车报废过程中会形成固体垃圾,污染环境。在汽车制造过程中采用可回收材料,完善回收利用的技术工艺可以有效地解决这个问题。汽车上的钢铁、有色材料零部件90%以上可以回收利用,经过处理后这些零部件仍有很高的利用价值。目前,德国汽车的回收率已经接近100%,美国、法国等国家的报废汽车利用率也已经达到了95%。

3) 汽车使用者应强化环保意识

(1) 购买节能环保的汽车。现阶段,各大汽车公司都推出了节能环保的汽车。在购买新车的时候,在经济条件允许及满足自身需求的情况下,尽可能地选择节能环保的汽车,可以有效减少汽车尾气排放。

(2) 掌握环保的驾车技术。在车辆技术状况相同的条件下,驾驶技术对燃料消耗的影响很大,正确合理的驾驶操作方法可以大大降低汽车的燃料消耗。不同技术水平的驾驶人,在相同条件下,驾驶相同汽车,油耗可相差20%～40%,排放的废气量也会不同。在汽车驾驶过程中,尽可能地减少加速和制动的次数,避免无谓的怠速,合理地选择路线都可以降低汽车的排放量。

(3)加强汽车的维护。汽车油耗增高的原因很多,车上的点火系统、燃料供给系统、排放系统、润滑系统、底盘系统等各个方面如果运行不好,都可能导致油耗增加。适时的检查和维护,不但可以降低油耗,还可以改善废气的排放。

(4)减少汽车的使用量。树立良好的用车观念,在出行时适当考虑更为环保的自行车、公交车、地铁等交通工具,将有效减少汽车尾气的排放量。

5 推广使用新能源汽车

新能源汽车包括插电式混合动力电动汽车、纯电动汽车、燃料电池电动汽车。纯电动汽车和燃料电池电动汽车是零排放汽车,无直接排放污染物;混合动力电动汽车在纯电动行驶模式下同样具有零排放的效果,同时由于减少了燃油消耗,CO_2排放可降低30%以上。电动汽车比同类燃油车辆噪声更低,大规模推广电动汽车将大幅度降低城市噪声。

我国为了鼓励和支持新能源汽车产业发展,推动汽车产业转型升级,推出了许多支持新能源汽车发展的政策。在新能源汽车补贴方面,购车补贴在2022年后正式取消,说明我国的新能源汽车行业已经逐渐成熟,不再需要政策的扶持和助力。国内各个新能源企业,已经有了较为完备的产业布局和供应链系统,在成本和产品研发上具有了一定的控制能力和底蕴。

四、汽车噪声污染

噪声是发生体做无规则运动时发出的声音,当噪声对人及周围环境造成不良影响时,就形成噪声污染,通常所说的噪声污染是人为造成的。噪声污染与水污染、大气污染、固体废弃物污染被看成是世界范围内四个主要环境问题。

随着汽车保有量的增加,汽车噪声污染已经成为现代城市噪声污染的主要来源。

1 汽车噪声的来源

汽车是一个高速运动的复杂组合式噪声源。汽车发动机和传动系工作时产生的振动、高速行驶中汽车轮胎在地面上的滚动、车身与空气的作用,是产生汽车噪声的根本原因。根据汽车噪声对环境的影响,可将汽车噪声分为车外噪声和车内噪声。其中,车外噪声对环境影响最大。

车外噪声是指汽车各部分噪声辐射到车外空间的那部分噪声。主要包括发动机噪声、排气系统噪声、轮胎噪声、气动噪声和传动系噪声。

1)发动机噪声

发动机噪声是汽车噪声的主要来源,除发动机缸体发出的机械声外,还包括进气系统噪声,即高速气体经空气滤清器、进气管、气门进入汽缸,在流动过程中,会产生一种很强的气动噪声。发动机噪声主要由挡火墙和驾驶室的前底板部位传入驾驶室。

2)排气系统噪声

排气系统噪声是发动机噪声的一部分,主要包括消声器支撑架及排气管道振动辐射出的噪声、发动机振动及排气动作引起的辐射噪声、由排气口出来的排气噪声。

3)轮胎噪声

轮胎噪声是由轮胎与路面摩擦所引起的,是构成底盘噪声的主要因素。一般的轮胎噪声主要由三部分组成:一是轮胎花纹间隙的空气流动和轮胎四周空气扰动构成的空气噪声;二是胎体和花纹部分振动引起的轮胎振动噪声;三是路面不平造成的路面噪声。

4)气动噪声

行驶中的汽车由于其周围的风而产生的噪声称为气动噪声,一共分为三种类型:一是风噪,就是由车身周围气流分离导致压力变化而产生的噪声;二是风漏,或叫吸出音,是由驾驶室及车身缝隙吸气而与车身周围气流相互作用所产生的噪声;三是其他噪声,包括空腔共鸣、风扇噪声、导管管道噪声以及天线、刮水器、后视镜及扰流器等附件振动引起的噪声。

5)传动噪声

在传动系中,噪声源主要包括变速器、分动器、传动轴、差速器和减速器等,传动系统噪声是由发动机传来的振动引起离合器盖、变速器盖等辐射出的噪声以及齿轮啮合激振引起壳体辐射发出的噪声。

2 噪声的危害

噪声污染对人、动物、仪器仪表以及建筑物均构成危害,其危害程度主要取决于噪声的频率、强度及暴露时间。

1)损伤听觉

噪声对人体最直接的危害是听力损伤。如果人们长期在强噪声环境下工作,会引起耳朵不适,如耳鸣、耳痛、听力下降甚至耳聋。研究表明,噪声污染是引起老年性耳聋的一个重要原因。

2)诱发多种疾病

噪声通过听觉器官作用于大脑中枢神经系统,可以影响到全身各个器官,故噪声除对人的听力造成损伤外,还会给人体其他系统带来危害。噪声会使人产生头痛、脑涨、耳鸣、失眠、全身疲乏无力以及记忆力减退等神经衰弱症状。长期在高噪声环境下工作的人高血压、动脉硬化和冠心病的发病率比在低噪声环境下工作的人要高2~3倍。噪声也可导致消化系统功能紊乱,引起消化不良、食欲不振、恶心呕吐,使肠胃病和溃疡病发病率升高。此外,噪声对视觉器官、内分泌机能及胎儿的正常发育等方面也会产生一定影响。

3)影响正常生活和工作

噪声对人的睡眠影响极大,人即使在睡眠中,听觉也要承受噪声的刺激。噪声会导致多梦、易惊醒、睡眠质量下降等,严重影响人的正常生活。噪声会干扰人的谈话、工作和学习。噪声会分散人的注意力,导致反应迟钝、容易疲劳、工作效率下降、差错率上升。

4）影响动物生存环境

噪声会对动物的听觉器官、视觉器官、内脏器官及中枢神经系统造成病理性变化。噪声对动物的行为有一定的影响，可使动物失去行为控制能力，出现烦躁不安、失去常态等现象，强噪声还会引起动物死亡。鸟类在噪声中会出现羽毛脱落、产卵率降低等情况。

3 汽车噪声的控制

汽车噪声的控制除了加强公民的公德意识以外，更重要的是在技术和法律层面进行创新和完善。汽车噪声的控制措施主要有以下几个方面。

1）改进汽车降噪技术

在汽车技术中降低噪声的方法有两个：一是对发动机、轮胎（图5-36）、车身和排气消声器等部件进行技术改进，使其达到降低汽车噪声的目的；二是对现有的汽车进行专业的吸音、隔音（图5-37）处理。

图5-36　降噪轮胎

图5-37　汽车隔音棉

2）加强噪声法规建设

发达国家自20世纪60年代起对机动车噪声给予了足够重视，制定了许多法规和标准来控制。1964年，国际标准化组织（ISO）制定了汽车噪声测定标准《声学·道路车辆加速噪声测量·工程测量法》（ISO R-362-1981），显著促进了汽车降噪技术和测量分析技术的深入研究和应用。

我国从1979年开始重视汽车噪声控制工作（图5-38），发布了两项国家标准《机动车辆允许噪声》（GB 1495—1979）和《机动车辆噪声测量方法》（GB 1496—1979）。《机动车辆允许噪声》分两个阶段规定了各类车辆加速噪声限值。从此，主管部门对新车型的鉴定考虑了对噪声的要求，制造厂也开始重视降噪工作。从1990年起，加速噪声指标变为决定新型车能否通过鉴定的关键指标之一。这项规定推动了汽车降噪工作，使汽车噪声

图5-38　禁止鸣笛警示牌

有了较大的下降,合格率逐年提高。2002年,国家对汽车噪声标准进行了修订,噪声指标相对《机动车辆允许噪声》降低了3~4dB,要求进一步提高。

3)采用道路降噪技术

(1)降噪路面。经研究发现,由于交通状况、车辆类型及驾驶风格不同,约90%的道路交通噪声由轮胎与道路相互作用而产生,设计降噪路面意义重大。目前的降噪路面(图5-39)是在普通的沥青路面或水泥混凝土路面结构上铺筑一层具有很高空隙的沥青混合料,其孔隙能降低空气挤压而导致的"嘶嘶"声并削弱路面的声反射,可降低3~8dB的交通噪声。

(2)声屏障技术。采用构筑声屏障(图5-40)的方式来降低公路交通噪声是目前应用比较广泛的一种降噪方式。声屏障主要是通过声屏障材料对声波进行吸收、反射等一系列物理反应,在屏障的后面形成一个声影区,从而使噪声降低。据测试,采用声屏障可降低10dB以上的噪声。

图5-39　含有橡胶的沥青路面

图5-40　加设隔音屏障

(3)种植降噪绿化林带。树木及绿化植物形成的绿带,能有效降低噪声。选择合适树种、植株的密度、种植的宽度可以达到吸纳声波,降低噪声的作用。当绿化林带宽度大于10m时,可降低交通噪声4~5dB。

实训模块

1.请同学们进入汽车实训室,在老师的指导下,使用废气分析仪测量不同车型的尾气排放数据,并记录。

2.请同学们结合我国碳达峰和碳中和目标,写一篇关于汽车节能减排的主要技术和手段的报告。

思考与练习

一、填空题

1.汽车必须装备一定的_____,预防和减少事故的发生。

2.汽车安全技术分为_____技术和_____技术。

3.被动安全技术一般指在_____可以最大限度保护车辆和人员安全,减低车辆和人员损伤的技术。

4. 汽车发动机排放的物质种类主要是_____,_____,_____,PM。

5. 随着全球气候变化问题日益严重,_____和_____已经成为全球共同的目标。

二、判断题

1. 安全气囊是主动安全技术。（　　）
2. 安全带是被动安全技术。（　　）
3. 驾乘人员头颈保护系统属于被动安全技术。（　　）
4. ABS属于被动安全技术。（　　）
5. 汽车前轮抱死,容易失去转向能力。（　　）
6. ESP只能控制驱动轮,不能控制从动轮。（　　）
7. 车道偏离预警系统属于被动安全技术。（　　）
8. NCAP是政府强制性试验。（　　）
9. 一氧化碳会使人体需要输氧能力降低,中枢神经受损。（　　）
10. 我国的酸雨主要是因大量燃烧含硫量高的煤形成的。（　　）
11. 安装三元催化转换器可以减少发动机排出的有害物质。（　　）
12. 废气再循环装置可以减少发动机氮氧化物的排放。（　　）

三、选择题

1. 安全车身在设计车身时着重（　　）乘客舱部分。
   A. 加固　　　　　　　　　　B. 削弱
2. C-NCAP中安全等级最高的是（　　）。
   A. 一星　　　　　　　　　　B. 五星
3. 被人称为空中死神的是（　　）。
   A. 酸雨　　　B. 温室效应　　　C. 臭氧　　　D. 光化学烟雾
4. 我国参考了（　　）的排放标准,制订了符合我国国情的排放标准。
   A. 美国经济委员会　　　　　B. 日本经济委员会
   C. 德国经济委员会　　　　　D. 联合国欧洲经济委员会

四、问答题

1. 请解释被动安全技术。
2. 请解释主动安全技术。
3. 请解释碳达峰与碳中和的概念。
4. 减少汽车尾气排放的措施有哪些?

第六章

未来汽车

知识目标
1. 了解未来汽车的发展趋势;
2. 了解未来汽车采用的新科技。

能力目标
能够描述未来汽车发展的技术路线。

素养目标
1. 了解未来汽车的发展方向,培养创新精神;
2. 了解智能网联汽车和新能源汽车的技术,培育科学素养;
3. 树立积极向上的人生态度,培养对美好生活的热爱和向往。

建议学时
4学时。

当前,全球新一轮科技革命和产业变革蓬勃发展,汽车与能源、交通、信息、通信等领域的技术加速融合,电动化、网联化、智能化成为汽车产业的发展潮流和趋势。新能源汽车融合新能源、新材料和互联网、大数据、人工智能等多种变革性技术,推动汽车从单纯交通工具向移动智能终端、储能单元和数字空间转变,这为我们的青年学生提供了一个广阔的舞台。

作为新时代的青年学子,我们要接好时代的接力棒,勇担使命,发挥创新精神和实践能力,为推动新能源汽车产业高质量可持续发展,加快建设汽车强国做出贡献。

第一节 汽车智能化

汽车改变了人类的生活方式,推动了人类社会的进步,如今,即将应用全新智能技术的汽车,将以更高的速度和效率将人类带入智能信息时代。

一、智能交通系统(ITS)

智能交通系统,是在较完善的交通基础设施的条件下,将先进的信息技术、数据通信传输技术、电子传感技术、电子控制技术以及计算机处理技术和系统综合技术有效地集成并应用于整个运输系统,以解决交通安全性、运输效率、能源和环境问题,从而建立起大范围内发挥作用、适时、准确、高效的综合运输和管理系统。

在公路运输领域,智能交通系统将汽车、驾驶人、道路及其相关的服务部门相互联系起来,并使汽车在道路上的运行功能智能化,从而使公路能够高效地使用公路交通设施和能源。该系统将采集到的各种道路交通及服务信息经交通管理中心集中处理后,传输到公路运输系统的各个用户(驾驶人、居民、公安局、停车场、运输公司、医院、救护排障等部门),出行者可实时选择交通方式和交通路线;交通管理部门可自动进行合理的交通疏导、控制和事故处理;运输部门可随时掌握车辆的运行情况,进行合理调度,从而使路网上的交通流运行处于最佳状态,改善交通拥挤和阻塞,最大限度地提高路网的通行能力,提高整个公路运输系统的机动性、安全性和生产效率。

❶ 绿波交通

绿波交通是指信号灯智能化设计和控制,以求车辆一路连过多个路口都是绿灯,畅行无阻。智能交通系统,可以最大限度地利用好城市的每一条道路和交叉道口的空间,既提高了道路利用率,又保证了交通安全,使"绿波交通"成为可能。目前,国内一些路段建立了"绿波带"(图6-1)。

❷ 电子收费

智能交通系统采用电子不停车收费系统(图6-2)。当驾驶人驾驶车辆通过时,电子收费系统就会自动读取相应的信息,从卡上扣除一定的费用。这种方式极大地方便了使用者和管理者。缴费工作仅在几秒钟内完成,车辆甚至无须减速,因而大大缩短了收费时间,有效缓解了交通拥堵的现象,实现了节能环保的目的。

图6-1 已经在国内应用的"绿波带"

图6-2 电子不停车收费系统(ETC)

3 自动化公路

自动化公路是指可供无人驾驶汽车行驶的公路,利用铺设在路面下的磁片引导汽车行驶,并确定汽车在路面的位置;再在车上装上计算机导航系统,以适用复杂的道路情况。总控制台利用高效雷达通过磁片控制车速,保持车距。汽车行驶的全过程无须人为干预,只要事先设定好要去的位置,磁片就会在总控制台的指挥下,选择最佳路径,自动把车辆带到目的地。在自动化公路上行驶的汽车,即使在转弯处车速也可高达100km/h,而且车距可以很小。

二、智能汽车和智能网联汽车

智能汽车(图6-3)是在汽车上增加雷达和摄像头等先进传感器、控制器、执行器等装置,通过车载环境感知系统和信息终端实现与车、路、人等的信息交换,使车辆具备智能环境感知能力,能够自动分析车辆行驶的安全及危险状态,并使车辆按照人的意愿到达目的地,最终实现替代人来操作的目的。

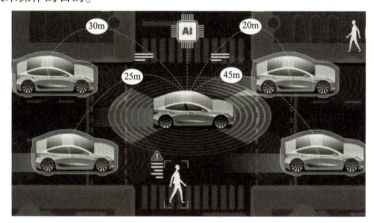

图6-3 智能汽车场景

美国汽车工程师协会(SAE)按照自动驾驶的自动化程度把自动驾驶分为L0,L1,L2,L3,L4,L5等六个级别(表6-1)。

SAE对汽车自动驾驶的分级　　　　　表6-1

分级	L0	L1	L2	L3	L4	L5
称呼	无自动化	驾驶支持	部分自动化	有条件自动化	高度自动化	完全自动化
定义	由驾驶人全权驾驶汽车,在行驶过程中可以得到警告	通过驾驶环境对转向盘和加减速中的一项操作提供支持,其余由驾驶人操作	通过驾驶环境对转向盘和加减速中的多项操作提供支持,其余由驾驶人操作	由无人驾驶系统完成所有的驾驶操作,根据系统要求,驾驶人提供适当的应答	由无人驾驶系统完成所有的驾驶操作,根据系统要求,驾驶人不一定提供所有的应答;限定道路和环境条件	由无人驾驶系统完成所有的驾驶操作,可能的情况下,驾驶人接管;不限定道路和环境条件

续上表

分级		L0	L1	L2	L3	L4	L5
主体	驾驶操作	驾驶人	驾驶人/系统	系统			
	周边监控	驾驶人				系统	
	支援	驾驶人				系统	
	系统作用域	无	部分				全域

在汽车智能化的推动之下，汽车电子电气架构从原来的分布式逐渐向跨域集中式和车辆集中式不断演进，汽车电子软件架构不断升级，软件与硬件分层解耦，软件定义汽车的时代即将到来。汽车智能化速度越来越快，中国的新能源车市场不断扩大，先进驾驶辅助系统（ADAS）功能搭载率不断攀升，L2 正在成为标配，L3 已经开始量产。

目前典型的智能汽车是搭载先进驾驶辅助系统（ADAS）的车辆，如前向碰撞预警系统、车道偏离预警系统、盲区监测系统、驾驶人疲劳预警系统、车道保持辅助系统、自动制动辅助系统、自适应巡航控制系统、自动泊车辅助系统、自适应前照明系统、夜视辅助系统、平视显示系统、全景泊车系统等。ADAS 在汽车上的配置越多，其智能化程度越高，其终极目标是无人驾驶。

智能网联汽车（图 6-4）是指搭载先进的车载传感器、控制器、执行器等装置，并融合现代通信与网络技术，实现车与 X（车、路、行人、云端等）智能信息交换、共享，具备复杂环境感知、智能决策、协同控制等功能，可实现车辆"安全、高效、舒适、节能"行驶，并最终可实现替代人来操作的新一代汽车。

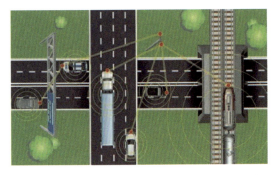

图 6-4　智能网联汽车场景

1 高智能安全避让系统

高智能安全避让系统是一种能让人与车自动避开危险的系统，该系统能预见未来，并能立即作出反应。无论是避让穿越马路的行人，或是迎面迅速开来的车辆，在需要时，它能自动接管转向盘的控制权。

❷ 行车智能安全系统

行车智能安全系统目前已经渐渐地融入人们的汽车生活中,比如安吉星(图6-5),拥有碰撞自动求助系统、紧急救援系统、安全保障系统、导航系统、车况检测系统、全音控免提电话六大系统。车辆出现故障时,驾驶人只要按下按键,系统就会自动接通客服,客服人员会根据驾驶人的要求协助完成车辆检测。遇到车辆碰撞等紧急情况时,系统也会自动联系客服,并提供必要的救援。

❸ 自动泊车系统

自动泊车系统就是不用人工干预,自动停车入位的系统(图6-6)。目前应用的泊车系统并非全自动,其原理是:遍布车辆周围的雷达探头测量自身与周围物体之间的距离和角度,然后通过车载计算机计算出操作流程,配合车速调整转向盘的转动,驾驶人只需要控制车速即可。

图6-5 后视镜上的安吉星行车智能安全系统

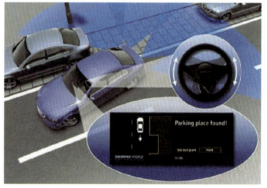

图6-6 西门子 VDO Park Mate 独立驾驶人辅助系统

随着技术的发展,全自动的泊车系统将在汽车上广泛应用,驾驶人可以步出车外,关上车门,边走边朝汽车按下遥控器,汽车将自动按预先计算好的路线进行泊车。由于此系统大大方便了驾驶人的操作,节省了驾驶人的时间,未来汽车会将该配置列为标配。

❹ 智能可变底盘系统

一般情况下,底盘行驶状态都是由厂家设定且不能改变的,这就有了通常所说的"轿车悬架偏软,跑车偏硬"。一辆车能不能同时拥有多种底盘模式呢?智能可变底盘系统让其变为现实。驾驶人通过转向盘按钮就可选择舒适模式或运动模式。它的独特之处在于系统能利用全方位感应器,对车轮速度、转向盘角度及悬架作出调节。

❺ 瞌睡警告系统

为了防止瞌睡驾驶以及驾驶过程中目光涣散导致的交通事故,一些科学家开发出瞌睡警告系统。系统通过脸部识别系统以及其他传感器,监视驾驶人的脸部角度以及眼睑的闭合程度。一旦发现瞌睡驾驶或者驾驶人的视线偏离前方,立即发出报警声,并通过空调吹出冷风,提醒驾驶人谨慎驾驶。

6 汽车黑匣子

汽车黑匣子(图6-7)，又称汽车工作信息记录仪或汽车安全信息记录仪。它有视频录像、录音、导航、电子狗、手机查车、被盗追踪、人车安全等功能；它能在发生事故时快速向绑定的手机发出求救信号，同时向服务中心报警，及时为人员和车辆提供安全急救措施。

图6-7　汽车黑匣子

7 无人驾驶汽车

目前，随着卫星导航系统的广泛应用以及智能交通系统的技术成熟，无人驾驶的智能化自动汽车成为未来汽车的趋势，如奥迪(图6-8)、Google(图6-9)以及国内的很多汽车公司都在研发无人驾驶汽车。无人驾驶汽车可以大大降低交通事故的发生率。

图6-8　无人驾驶的奥迪TTS　　　图6-9　测试中的Google无人驾驶汽车

开发无人驾驶汽车的关键技术有两点：一是研制能正确选择车道、感应障碍物、自动避免冲撞的技术；二是必须铺设专用车道。这种道路的核心是各种信息设备和传输技术，它通常由监测器、数据搜集器、中心电脑、电子显示牌和闪光灯等组成。随着电子技术快速发展，无人驾驶汽车普及在不远的将来将成为现实。

无人驾驶汽车是汽车智能化、网联化的终极发展目标，是未来汽车发展的方向。无人驾驶汽车是一种将检测、识别、判断、决策、优化、执行、反馈、纠控功能融为一体，集微型计算机、微电机、绿色环保动力系统、新型结构材料等顶尖科技成果为一体的智慧型汽车。

第二节　汽车轻量化

汽车轻量化，就是在保证汽车强度和安全性能的前提下，尽可能地降低汽车整车整备质量，从而提高汽车的动力性，减少燃料消耗，降低排气污染。实验证明，若汽车质量降低10%，燃油效率可提高6%~8%；汽车质量每减少100kg，百公里油耗可降低0.3~0.6L；汽车质量降低1%,油耗可降低0.7%。由于环保和节能的需要,汽车的轻量化已经成为世界汽车发展的潮流。

汽车轻量化的主要途径有以下几种:

(1)缩小汽车的尺寸;

(2)采用轻质材料;

(3)采用计算机进行结构优化设计;

(4)采用承载式车身,减小车身板料厚度等。

一、汽车小型化

汽车小型化在保证足够内部空间尺寸前提下,通过调整汽车的主要尺寸以及零部件的布局,缩小外形尺寸,可减少材料消耗,减小质量,同时还可减少占路面积和停车面积。

随着油价的不断上升和人们对环境保护的日益关注,很多国家的消费者都开始倾向于购买小排量的车型。在日本,0.66L以下小排量车的市场份额占总销量的60%以上;在欧洲,排量在1.0L以下小汽车的年销量占汽车总销量的35%左右。

二、材料轻量化

当前,汽车轻量化的主要措施是采用轻质材料。以乘用车来说,有色合金在汽车上应用量的快速增长是汽车材料发展的大趋势。

轻量化材料主要包括以下几个方面。

1 有色金属

1)铝合金

铝的密度约为钢的1/3,是应用最广泛的轻量化材料。以美国生产的汽车产品为例,1976年每车用铝合金仅39kg,2017年则达到186kg/辆,2020年达到211kg/辆。用于汽车的铝合金有以下几种:

(1)铸造铝合金。许多元素都可以作为铸造铝合金的合金元素,但只有Si、Cu、Mg、Mn、Zn、Li在大量生产中具有重要意义。当然,在汽车上广泛应用的是多种元素同时添加的合金,以获得好的综合性能。铝合金铸件主要应用于发动机汽缸体、汽缸盖(图6-10)、活塞、进气歧管、摇臂、发动机悬置支架、空压机连杆、传动器壳体、离合器壳体、车轮、制动器零件、把手及罩盖壳体类零件等。

(2)变形铝合金。变形铝合金指铝合金板带材、挤压型材和锻造材,在汽车上主要用于车身面板、车身骨架(图6-11)、发动机散热器、空调冷凝器、蒸发器、车轮、装饰件和悬架系统零件等。

(3)铝基复合材料。铝基复合材料密度低、比强度和比模量高、抗热疲劳性能好,但在汽车上的应用受到价格及生产质量控制等方面的制约,还没有形成很大的规模。目前,铝基复合材料在连杆、活塞、汽缸体内孔、制动盘、制动钳和传动轴管等零件上的试验和使用显示出了卓越的性能。

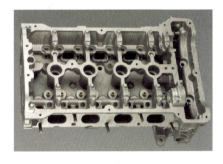
图6-10 铝合金汽缸盖

图6-11 铝合金车身

2）镁合金

镁的密度约为铝的2/3，镁合金的吸振能力强、切削性能好、金属模铸造性能好，很适合制造汽车零件。镁合金大部分以压铸件的形式在汽车上应用，镁压铸件的生产效率比铝高30%～50%。在汽车上试用或应用镁合金的实例有车轮（图6-12）、离合器壳体、离合器踏板、制动踏板固定支架、仪表板骨架、座椅、转向柱部件、转向盘轮芯（图6-13）、变速器壳体、发动机悬置、汽缸盖和汽缸盖罩盖等。

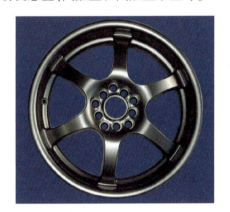
图6-12 镁合金车轮

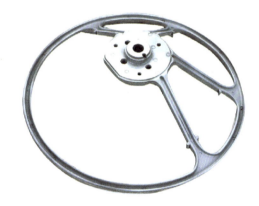
图6-13 镁合金转向盘

2 塑料

塑料是以树脂为主要成分，在一定温度和压力下加工成一定形状，并在常温下能保持既定形状的高分子有机材料。它具有密度小，强度高，化学稳定性好，电气绝缘性能优异，耐磨损、减磨性、自润滑性、消声性和吸振性良好，着色自由，手感柔顺，可进行二次加工（着色、光亮处理、涂装、浮雕等）的特性。

用塑料作为汽车材料的最大优势是可大大减轻车体的质量。从现代汽车使用的材料看，无论是外装饰件、内装饰件，还是功能与结构件，到处都可以看到塑料制件的影子。汽车中塑料的应用量已经成为衡量汽车设计和制造水平的一个重要标志。

目前，世界上不少轿车的塑料用量已经超过120kg/辆，德国奔驰高级轿车的塑料使用量已经达到150kg/辆。可以预见,随着汽车轻量化进程的加速,塑料在汽车中的应用将更加广泛,全塑车身是未来汽车发展的方向(图6-14、图6-15)。

图6-14　透明塑料汽车 eXasis

图6-15　塑料汽车"欢乐敞篷"

3 碳纤维复合材料

碳纤维由含碳量较高且在热处理过程中不熔融的人造化学纤维经热稳定氧化处理、碳化处理及石墨化等工艺制成。碳纤维是一种力学性能优异的新材料,它的密度不到钢的1/4,碳纤维树脂复合材料抗拉强度一般都在3500MPa以上,是钢的7~9倍。

碳纤维由于性能强、密度小,所以被广泛应用于航空航天领域。在汽车领域,由于使用成本高,只能在一级方程式赛车和某些超豪华品牌车辆(图6-16)上才能见到。随着碳纤维合成技术的进步、回收系统的完善、制造成本的下降,碳纤维复合材料将成为未来汽车广泛应用的轻量化材料。

图6-16　采用碳纤维车身的柯尼赛格

第三节　清洁能源汽车

现在汽车所用的能源主要是汽油或柴油,总有一天,这些不可再生的化工燃料将会枯竭。人们不得不去寻找其他能源来代替矿物燃料驱动汽车,而且传统燃料排放气体带来的环境问题已经越来越严重,人们希望能有更多绿色的能源应用于汽车动力当中。未来汽车能源有以下几种选择。

一、液化石油气汽车(LPG 汽车)

LPG 汽车(图6-17)就是以液化石油气作为燃料的汽车。与传统的车用燃料(汽油和柴油)相比,液化石油气(LPG)具有优良的理化特性,它蒸发温度低,雾化性能好,更易于与空气混合,且燃烧速度快,燃烧更充分,因此 LPG 汽车排气中的 CO、HC、NO_x 等有害成分大大减少,且没有黑烟和积炭,是公认的清洁燃料。但是液化石油气并未突破石油资源的范畴,只是暂时的绿色替代燃料。

二、天然气汽车

天然气是一种多组分的混合气体,主要成分是烷烃,其中甲烷占绝大多数,另有少量的乙烷、丙烷和丁烷等。相比于石油,天然气具有使用安全、热值高、洁净等优势。天然气汽车按燃料状态可分为压缩天然气(CNG)汽车(图6-18)和液化天然气(LNG)汽车。其中,较具推广价值的是压缩天然气汽车。

图 6-17　LPG 公交车

图 6-18　新爱丽舍 CNG 汽车

使用 CNG 替代汽油作为汽车燃料,可使 CO 排放量减少 97%,HC 排放量减少 72%,NO_x 排放量减少 39%,CO_2 排放量减少 24%,SO_2 排放量减少 90%,噪声减小 40%。而且 CNG 不含铅、苯等致癌的有毒物质。因此,CNG 是汽车运输行业解决环保问题的首选燃料。

三、醇类燃料汽车

醇类燃料汽车是指利用醇类(包括甲醇和乙醇)燃料做能源驱动的汽车。醇类燃料可以与汽油或柴油按一定比例配制成混合燃料,也可以直接采用醇类燃料作为发动机的燃料。

与汽油相比,醇类燃料具有较高的输出效率,由于燃烧充分,有害气体排放较少,属于清洁能源。甲醇主要从煤和石油中提炼,若形成规模生产,成本不高于汽油;乙醇一般利用谷物和野生植物生产,成本较低。目前西方一些国家开始将醇类燃料与汽油掺混使用,掺混比例在 5%~15% 以下时可不更改发动机结构,已经正式投放市场,更大比例掺混燃料处于研究试验阶段。作为醇类燃料的推广,主要困难有:甲醇产量较低,成本稍高;甲醇有毒,公众不易接受;冷起动困难,具有较强腐蚀性等。随着技术的进步,醇类燃料将有很大的发展使用空间。

如今,很多国家政府和汽车公司都大力推动醇燃料汽车的研究、试验和示范推广,其中乙醇燃料是更具有推广价值的醇类燃料。巴西是世界上最大的燃料乙醇生产和消费国,也是唯一不使用纯汽油作为汽车燃料的国家。

四、氢气汽车

由于氢气燃烧时释放出的热量是相同条件下汽油的三倍,而且燃烧产物是对环境无害的水,因此氢气是一种绿色高能的燃料。由于其具有热值高、无污染、储量丰富等优势,因此,氢动力汽车是传统汽车最理想的替代方案。

目前氢气作为汽车动力主要有两种方式。一种是以氢作为燃料电池的燃料与氧发生化学反应,从而产生电能起动电动机并驱动汽车,但氢气储存和携带限制了它的发展,这种汽车要真正大规模生产还需要一定的时间。另一种方式是以氢气直接作为燃料燃烧产生动力,长安汽车在2008年北京车展上展出了自主研发的中国首款装有氢气内燃机的概念跑车"氢程"(图6-19)。

五、纯电动汽车

纯电动汽车是指驱动能量完全由电能提供的、由电机驱动的汽车(图6-20)。由于电动汽车具有无排放污染、效率高、噪声小的优点,在一些城市的市区已经开始被大力推广。

图6-19 氢程

图6-20 纯电动汽车

同样,限制纯电动汽车发展的是汽车蓄电池技术,现有技术水平制出的蓄电池体积大、质量大、造价高、使用寿命有限,而纯电动汽车一次充电行驶里程也很有限,这些都限制了纯电动汽车的普及使用。要使纯电动汽车大规模应用,必须依靠蓄电池技术的发展。

六、太阳能汽车

把太阳辐射的能量收集起来,并转换成电能,以此为动力的汽车就是太阳能汽车(图6-21)。它是最洁净无污染的交通工具。太阳辐射到地球表面的能量,每平方米约有1kW。从理论上来说,把太阳能转换成电能,效率可达30%。目前世界上最先进的技术已经能够达到20%左右的转换效率。$8m^2$大小的太阳能板能提供一辆小型汽车所需的电力。

虽然现在世界各国的太阳能汽车已经有很大的发展,但与燃油车和一般电动汽车相比,水平还相差很远,太阳能电池还远远没有达到使用要求。特别是在阴雨天,太阳能汽车就无法使用。

a)

b)

图 6-21　造型各异的太阳能汽车

澳大利亚每隔三年举行一次世界最大规模的太阳能汽车大赛,全程 3000km。2005 年,参赛的太阳能汽车平均时速已达 103km/h。太阳能汽车最可能的发展方向是成为使用太阳能、燃油、电力等多种能源的混合动力汽车。

七、混合动力汽车

石油、液化石油气、电力、太阳能及氢气等各种能源各有优缺点。在电动汽车、燃料电池汽车、太阳能汽车技术还不能普及使用的情况下,最好的发展就是走混合动力的道路(图 6-22、图 6-23)。当汽车在城市行驶时,采用无污染、低噪声的电力作为汽车动力;在城市以外的地区,将动力改为汽油、液化石油气等,可以发挥它们动力充足、行驶里程远的优势,从而实现优势互补。

图 6-22　比亚迪汽车混合动力系统

图 6-23　丰田卡罗拉混合动力汽车

实训模块

1. 利用网络、课外书等资源,搜集相关资料,设计一个 ppt,利用多媒体介绍一下国内电动汽车的发展概况。

2. 发挥你的想象力，描述一下你心中的未来汽车应该是什么样子的。它应该具备什么性能和特点？可用文字、手抄报、绘画作品以及ppt等方式呈现。

思考与练习

一、填空题

1. 电动化、_____、_____成为汽车产业的发展潮流和趋势。
2. 汽车从单纯交通工具向_____、_____和_____转变。
3. 智能化交通运输系统，将_____，_____，_____，及其相关的服务部门相互联系起来。并使汽车在道路上的运行功能智能化。
4. 天然气汽车按燃料状态可分为_____，和_____。
5. 现在氢燃料电池汽车发展的瓶颈是_____。

二、判断题

1. 碳纤维的质量比钢轻，但抗拉强度比钢高。（　　）
2. LPG汽车不会产生排气污染物。（　　）
3. 醇类燃烧汽车包括甲醇汽车和乙醇汽车。（　　）
4. 太阳能汽车最可能的发展方向是成为使用太阳能、燃油、电力等多种能源的混合动力汽车。（　　）
5. 美国汽车工程师协会（SAE）按照自动驾驶的自动化程度把自动驾驶分为L0，L1，L2，L3，L4，L5等六个级别。（　　）
6. L2是指有条件自动化行驶的车辆。（　　）
7. 液化石油气虽然绿色环保，清洁无污染，但液化石油气并未突破石油资源的范畴。（　　）
8. 天然气相比石油具有使用安全、热值高、洁净等优势，但续航里程较短。储能装置容易爆炸。（　　）
9. 氢气燃烧时释放的热值是同等汽油下的三倍，而且燃烧产物是对环境无害的水，但氢气使用危险，并且储存氢气的方式成本较高。（　　）

三、问答题

1. 无人驾驶汽车的关键技术是什么？
2. 汽车轻量化的方法有哪些？
3. 氢气作为汽车动力，有哪几种方式？
4. 请解释智能汽车的定义。
5. 请解释智能网联汽车的定义。
6. 请解释无人驾驶汽车的定义。

参 考 文 献

[1] 李青,刘新江.汽车文化[M].2版.北京:人民交通出版社,2013.
[2] 凌永成.现代汽车与汽车文化[M].北京:清华大学出版社,2005.
[3] 曲金玉,任国军.汽车文化[M].北京:机械工业出版社,2006.
[4] 谢永东.汽车文化[M].武汉:华中科技大学出版社,2008.
[5] 邢忠义.汽车新结构与新技术[M].北京:机械工业出版社,2008.
[6] 臧杰,阎岩.汽车构造[M].北京:机械工业出版社,2005.
[7] 胡悦喆.跟我学修汽车[M].哈尔滨:哈尔滨工程大学出版社,2009.
[8] 付于武,毛敏.重新定义汽车:改变未来汽车的创新技术[M].北京:机械工业出版社,2017.
[9] 中国汽车技术研究中心.中国新能源汽车动力电池产业发展报告——动力电池蓝皮书(2017)[M].北京:社会科学文献出版社,2017.
[10] 林平.车志:世界著名汽车公司[M].北京:化学工业出版社,2013.
[11] 《高举中国特色社会主义伟大旗帜为全面建设社会主义现代化国家而团结奋斗——在中国共产党第二十次全国代表大会上的报告》[M].北京:人民出版社,2022.
[12] 蒋鸣雷.新能源汽车动力电池结构与检修[M].北京:机械工业出版社,2023.
[13] 李妙然,邹德伟.智能网联汽车技术概论[M].北京:机械工业出版社,2021.
[14] 崔胜民,卞合善.智能网联汽车环境感知技术[M].北京:人民邮电出版社,2020.